do canal
AUDINO VILÃO
Marcelo Marques
Bruna Cursini

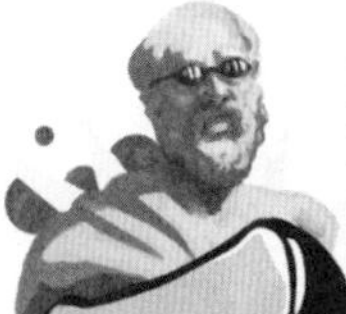

Filosofia para Becos & Vielas

Tudo o que você precisa saber sobre filosofia e outras brisas

REVISÃO TÉCNICA:
Caio Sarack

Planeta

Copyright © Marcelo Marques e Bruna Cursini, 2022
Copyright © Editora Planeta do Brasil, 2022
Todos os direitos reservados.

Organização de conteúdo: Daila Fanny
Preparação: Marina Castro
Revisão: Fernanda França e Renato Ritto
Projeto gráfico e diagramação: Negrito Produção Editorial
Imagens de miolo: adaptadas de Wikimedia Commons e morguefile.com
  por Negrito Produção Editorial
Capa e ilustração de capa: Douglas Lopes

Dados Internacionais de Catalogação na Publicação (CIP)
Angélica Ilacqua CRB-8/7057

Marques, Marcelo
  Filosofia para becos e vielas: tudo o que você precisa saber sobre filosofia e outras brisas / Marcelo Marques, Bruna Cursini. – São Paulo: Planeta do Brasil, 2022.
  176 p.

  ISBN 978-65-5535-642-7

  1. Filosofia I. Título II. Cursini, Bruna

22-0936   CDD 100

Índice para catálogo sistemático:
1. Filosofia

 Ao escolher este livro, você está apoiando o manejo responsável das florestas do mundo

2022
Todos os direitos desta edição reservados à
Editora Planeta do Brasil Ltda.
Rua Bela Cintra, 986, 4º andar – Consolação
São Paulo – SP – 01415-002
www.planetadelivros.com.br
faleconosco@editoraplaneta.com.br

AGRADECIMENTOS

Agradeço a todos que fazem/fizeram parte de minha jornada de vida, tanto aqueles que me fazem/fizeram bem como os que fazem/fizeram mal, pois, se não fosse por todos eles, eu não seria quem sou hoje e não teria a determinação que tenho agora.

Agradeço especialmente à Clarissa Melo, que nos convidou para essa oportunidade, ao Marcelo Marques, à Daila Fanny e ao Caio Sarack. Somente nós sabemos o que passamos para criar este livro, e o que eu digo é: valeu a pena.

BRUNA CURSINI

Dedico meus maiores cumprimentos e agradecimentos ao meu avô, José Arimateias Gonçalves. Mesmo não sendo de sangue, foi o único parente que acreditou em mim, que me ajudou em momentos de muita dificuldade; minha maior referência, a pessoa que eu mais amo na minha família. Um dia lhe prometi que, mesmo errando muito, seria motivo de orgulho para ele. Espero que, além desta obra, as futuras também o façam se orgulhar e sentir que valeu a pena acreditar em mim, mesmo quando a sociedade e o resto da família não acreditaram. Obrigado, vô.

MARCELO MARQUES

SUMÁRIO

INTRODUÇÃO: QUAL É A BRISA DA FILOSOFIA? 8

PARTE 1 — OS BROTHERS ANTES DE SÓCRATES 15
1.1 Tales de Mileto, o primeirão 19
1.2 Pitágoras, o cabeção quadrado 23
1.3 Heráclito, o Obscuro 27
1.4 Parmênides, o trava-mente 31

PARTE 2 — NA VIBE DA DEMOCRACIA 37
2.1 Sócrates, o debochado 41
2.2 Platão, só no mundo das ideias 45
2.3 Aristóteles, pagando de *coach* 51

PARTE 3 — O LEGADO HELENISTA 59
3.1 Diógenes, na vida loka 63
3.2 Epicuro, a arte de viver suave 67
3.3 Zenão e o bonde dos estoicos 73

PARTE 4 — QUEM FORAM OS COROINHAS 77
4.1 Agostinho de Hipona, o crente platônico 81
4.2 Tomás de Aquino, o missionário filósofo 87

PARTE 5 — DE VOLTA ÀS ORIGENS 95
5.1 Maquiavel, no tabuleiro de WAR *99*

PARTE 6 — A MAIOR TRETA FILOSÓFICA: RACIONALISTAS *VS* EMPIRISTAS 107
6.1 Descartes, o chapeleiro maluco *111*
6.2 Espinosa, o herege tagarela *117*
6.3 Hume, o superdotado *123*
6.4 Locke, libera geral *129*

PARTE 7 — OS PIONEIROS TRANSCENDENTAIS 135
7.1 Kant, na ética do churrasco *139*
7.2 Hegel, o fenômeno das ideias *143*
7.3 Schopenhauer, o primeiro emo *147*
7.4 Nietzsche, o roba-brisa *153*

PARTE 8 — O EXISTENCIALISMO PÓS-GUERRA 159
8.1 Kierkegaard, o angustiado *163*
8.2 Sartre, o pirado da liberdade *169*

CONCLUSÃO: ONDE VOU USAR ISSO NA MINHA VIDA? *175*

INTRODUÇÃO

QUAL É A BRISA DA FILOSOFIA?

E AÍ, MOLECADINHA QUE PEGOU ESTE LIVRO PRA CURTIR UMA visão da filosofia! Primeiramente, um forte abraço, um cheiro e um amasso nosso, trazendo pra vocês, de um passado muito distante, umas ideias das mentes mais fantásticas da história, um conteúdo indispensável, muito especial, do nosso coração pro de vocês, que esperamos que ajude a desenrolar a filosofia e compreender como funciona esse jeito de pensar.

Vamo que vamo que hoje o bagulho tá muito instigante e procedente!

Primeiramente, em primeiríssimo lugar, começando com a pergunta número 1: Qual é a brisa da filosofia?

Essa é uma pergunta que até os maiores nomes dentro da área tentaram responder, e você pode encontrar por aí várias definições diferentes de filosofia. Sabe por quê? É isso mesmo, vilão: porque definir filosofia já é um dos maiores problemas filosóficos.

Eita! Mas já começamos assim? Veja bem, a filosofia em si deve ser entendida a partir da própria palavra, que tem origem grega. O termo "filo-" vem de *philia*, que, pros velhinhos gregos, significava "amor fraterno" – tipo aquele amor que você tem pelo seu parceiro de longa data e pelos familiares. Já "-sofia" vem de *sophia*, que significa "sabedoria".

Partindo desse princípio, filosofia significa "amor pela sabedoria". Nós podemos concluir que filosofia é você amar o conhecimento, amar estudar, tendeu?

Pra nós, filosofia é buscar conhecimento, autoentendimento, é sair atrás das respostas pra dúvidas que já nasceram com a gente, tipo: "O que é o certo e o errado?", ou "O que eu deveria ou não fazer?", ou até "De onde tão surgindo essas dúvidas?". A filosofia está nesse processo de pensar sobre como cada um tem sua forma de interpretar o mundo, de perceber o que tá a sua frente e de julgar o que tá vendo.

PRA ENTENDER A BRISA: AS TRÊS ÁREAS

O conhecimento filosófico tem três grandes áreas que são fundamentais pra saber o que a filosofia estuda: a ética, a epistemologia e a metafísica. É claro que tem outras, mas, neste livro, vamos focar nessas três. Queremos que você tenha um gostinho, uma primeira entrada nesse campo incrível e muito diverso. Daí você vai traçando seu próprio caminho. Fechô?

Vem com a gente, rapaziada, entender logo essas áreas, que esse é realmente um corre de progresso!

Ética

Ética é uma área que discute aquele sentimento dentro de você que te fala o que é certo e o que é errado. É como se fosse uma linha que divide a atitude certa – uma responsa da hora – da atitude errada – um desacerto, um negócio que não procede, um bagulho atrasa-lado. A ética estuda o que seriam princípios morais pra todas as pessoas. Sabendo disso, vamos adiante com um exemplo.

Pensa num negócio feião, antiético: fofoca, buchicho. O cara consegue conquistar o empreguinho, arruma um trampo maneiro, e os outros ficam falando: "Ah, mas nas antigas não era bem assim, agora tá todo arrogante". O que seria ético numa situação como essa? É chegar no parça e falar: "Da hora seu corre, parabéns, mano!".

Como em toda quebrada, a filosofia entende que o certo é o certo, e o errado será cobrado. Quando fazemos o certo, quando cobramos alguém por um erro, a filosofia pensa sobre todas essas atitudes.

Epistemologia ou teoria do conhecimento

Na *epistemologia*, a galera se pergunta: "O que é o conhecimento?", "O que é saber?", "Como aprendemos?", "O ser humano já nasce com algum conhecimento dentro de si?". Falando curto e grosso, a epistemologia estuda os métodos, a validade e o escopo de todo conhecimento, saca? Ela tenta definir como a gente sabe o que sabe e se tudo o que sabemos é verdadeiro ou falso.

Metafísica

Definir *metafísica* é realmente uma tarefa difícil. É um termo que usamos para nos referir a um bando de coisa que a gente não consegue enxergar ou pegar, que estão além dos cinco sentidos, tipo "ser", "substância", "causa" e outras paradas bem abstratas. A metafísica é usada pra estudar questões como Deus, a existência, a vida, a morte e outros temas cabeçudos. Em geral, ela se preocupa com o princípio de todas as coisas – tá ligado, né? –, tipo tudo – tudo mesmo: o universo, o mundo, você, sua mãe, sua tia… –, e assuntos como tempo e espaço. É a maior das brisas da filosofia.

PRA ENTENDER A BRISA: OS FILÓSOFOS

Dada essa introdução suave, podemos entrar agora na questão dos filósofos, os caras por trás disso tudo. Quem eles foram? Onde habitavam? Como viviam? O que comiam e por que nós estudamos o que eles pensavam?

Olha, isso é beeem curioso! Muitas vezes os filósofos trazem novas definições para coisas que já conhecemos, e elas ganham um significado completamente diferente na filosofia. Outras vezes, eles conseguem definir paradas que nós sabemos, mas que não conseguimos colocar em palavras, iluminando conceitos que, no fim, podem até melhorar a maneira como vivemos a vida.

Mas, pra você entender a teoria de um filósofo, é bom que saiba o contexto histórico em que ele está inserido, porque o que ele fala tem a ver com o entorno em que ele viveu. É por isso que nós, com muito amor no coração, dividimos este livro por período histórico, e você vai poder comparar um cara com os contemporâneos dele e ver como eles viam as mesmas coisas de um jeito diferente.

PRA ENTENDER A BRISA: FILOSOFIA NA FILA DO PÃO

Mas filosofia não é só teoria, ela é pra usar no dia a dia, no Twitter, no Facebook, no Instagram e na fila do pão.

Primeiramente, você vai conhecer as teorias dos filósofos, e, enquanto um vai dizer que o certo é viver assim, o outro vai dizer que é assado. Cada um apresenta uma visão que pode gerar uma reflexão ou aplicação diferente, manja?

Depois, você vai observar, ficar de tocaia, só de olho nas ideia da galera na internet e na vida real. A filosofia se desenrola a partir da observação do comportamento do ser humano: como são nossas relações de interesse, de ética, de amor, de afeto, tendeu? E quando você começa a reparar em como as pessoas se comportam, identifica as teorias que aprendeu com os filósofos. Às vezes você vê o maninho completamente engajado na correria dele e pensa: *Aquele cara ali tem* virtude. Ou você vê o maninho mó paia das ideia, cabisbaixo, achando que a vida não tem mais sentido, que é só aquilo mesmo, e conclui: *O cara já caiu no* niilismo. Ou você tá com uma situação megacomplicada, e aí pensa em aplicar a *lógica cartesiana* pra resolver a questão.[1]

---

1. Ficou boiando? Anota essas brisas que, ao longo do livro, você vai descobrir do que estamos falando aqui.

Na observação do seu cotidiano e do seu entorno, você começa a interpretar a filosofia no dia a dia, percebendo as coisas pela essência. Depois, chega o momento de interagir, de fazer o negócio acontecer. Cabe a você, meu querido, minha querida, minhe queride, ver qual das filosofias que aprendeu e observou se alinha mais ao seu modo de pensar e faz mais sentido na sua vida.

Quando você começa a refletir, esse reflexo vira sua fala, o jeito como você se comporta. Por exemplo: depois de ver o Facebook das pessoas e reparar – sem julgar, que nós não somos juízes de ninguém – no comportamento delas, você começa a ter parâmetros: essa pessoa se comporta assim, aquela assim, a outra assado. E aí chegou a sua vez: como é que você vai se comportar? Com tudo o que você aprendeu a partir do que leu e observou, quais atitudes vai querer ter?

O que a gente quer que você leve contigo é esse espírito da filosofia: observar, refletir e agir. Tudo que se aprende na filosofia é para fazer você refletir e questionar. Nenhum ensinamento filosófico é lei absoluta, mas uma reflexão para a vida. Como diria nosso parceiro Sócrates: "Uma vida sem reflexão não vale a pena ser vivida".

PARTE 1

OS BROTHERS ANTES DE SÓCRATES

Como você já deve tá ligado, filosofar é trazer novas definições para coisas que já conhecemos. Os primeiros caras que fizeram isso (dentro da história ocidental, certo?)[1] foram os velhinhos da Grécia Antiga.

Até por volta do ano 600 a.C., as pessoas explicavam o mundo usando mitos. Aliás, se você parar pra pensar, até hoje a gente usa mitos para explicar várias coisas.

E o que são mitos?

Parceiro, mitos são aquelas histórias que explicam como os deuses, os titãs e outros seres criaram o mundo, manja? Os gregos tinham sua visão mitológica do mundo, com Zeus, Apolo, Atena, assim como os nórdicos têm Thor, os tupis-guaranis têm Tupã e assim por diante.

As histórias dos mitos – a *mitologia* – eram passadas de pai pra filho ao longo de séculos, numa tradição oral, ou seja, no bate-papo. Mas, lá pelo ano 700 a.C., uns caras colocaram essas histórias no papel (ou melhor, no pergaminho), e com essa novidade foi possível discutir sobre os mitos![2]

---

1. Salve, salve: preste atenção nesse detalhe, pois a filosofia oriental segue outros rumos de pensamento e investigação, com uma cronologia diferente.
2. Cf. GAARDER, Jostein. *O mundo de Sofia*: romance da história da filosofia. Tradução de João Azenha Jr. São Paulo: Companhia das Letras, 1995, p. 39.

Então, com essa possibilidade de discutir uma coisa que ninguém discutia antes, uns manos começaram a pensar na chance de haver uma explicação para o *cosmos* (mundo) que não fosse mitológica, mas *metafísica* (tá lembrado da metafísica, né, vilão?). Eles passavam muito tempo observando a natureza, seus ciclos e como as coisas se relacionavam entre si. Por isso, esses manos ficaram conhecidos como "filósofos da natureza".

Eles queriam entender a origem do universo (*cosmogonia*) usando a racionalidade e deixando de lado as historinhas do Monte Olimpo[3] e companhia. Essa origem do mundo era chamada de *arché*, que significa "princípio" em grego.

Apesar da mente afiada, não foram esses caras que criaram o termo "filosofia", nem que se deram ao luxo de ostentar o título de "filósofos". Eram pensadores que, como a gente comentou, começaram a trazer novas definições para as coisas que a galera da sua época já conhecia.

---

3. Não sabe o que é Monte Olimpo? Não se preocupe que eu explico: de acordo com a tradição dos gregos, Monte Olimpo era onde os deuses moravam.

1.1
TALES DE MILETO,
o primeirão

Mano Tales nasceu provavelmente em 624 a.C. em Mileto, uma cidade da Ásia Menor, onde hoje está a Turquia. Esse cara contribuiu muito para a matemática, para a física, para a astronomia e para a geometria. O brother realmente tinha uma mente afiada. Vale dizer que ele fazia parte de uma espécie de panelinha de nerds da época chamada de "Sete sábios da Grécia Antiga", da qual participavam também:

1. Sólon de Atenas.
2. Pitaco de Mitilene.
3. Periandro de Corinto.
4. Cleóbulo de Lindos.
5. Quílon de Esparta.
6. Bías de Priene.[4]

Tales viajou pra caramba e chegou até o Egito, onde, dizem, conseguiu calcular a altura de uma pirâmide só de medir a sombra dela no exato momento em que tanto a sombra como a pirâmide tinham o mesmo tamanho. Ou foi sorte, ou o cara era

---

4. Tá ligado que o "sobrenome" de todos eles é o nome de uma cidade? É porque, naquela época, os caras não tinham sobrenome que nem a gente. Então, para diferenciar um Tales de outros Tales que talvez existissem, era costume se referir à cidade em que o cara vivia ou onde ficou famoso.

genial. Essa façanha ficou consagrada num esquema chamado teorema de Tales (uma fita que você já deve ter visto na escola).⁵

Lá no Egito, Tales também observou que as margens do rio Nilo ficavam superférteis e produtivas depois de o rio transbordar, e que naquela lama toda apareciam mais minhocas e rãs do que antes. Talvez isso tenha levado esse mano a acreditar que a água era o *princípio* de todas as coisas: "Tales de Mileto, o primeiro a indagar sobre esses problemas, disse que a água é a origem das coisas e que deus é aquela inteligência que tudo faz da água".⁶

Tales pensava que a água era um elemento que, em densidades e proporções diferentes, formava todos os seres e objetos. Meio diferenciado das ideias, mas essa é uma conclusão de respeito, parceiro, considerando que Tales nem sonhava com um treco chamado "microscópio", e a gente, hoje, graças à química e à biologia, sabe que não é bem assim. Mesmo não estando de todo certo em suas teorias, ele foi o primeiro a tentar explicar racionalmente a origem do universo – e é isso que importa pro nosso papo. Vale lembrar que explicar racionalmente naquela época não acontecia do mesmo jeito que a gente vê hoje, mas o princípio que organizava os pensamentos do Tales é o mesmo que organiza o pensamento dos cientistas atuais: que as coisas possuem causas e que elas podem ser captadas pelo nosso pensamento.

Assim como o lance da água, as explicações que nosso amigo Tales dava pro mundo vinham das suas observações das coisas. O bichão pensava longe, literalmente brisava e vivia no mundo da lua. Uma vez, ele tava dando um rolê olhando pra cima, pros astros. Aí, desatento, pá, caiu num poço. Uma moça que viu a cena, depois de passar mal de tanto rir, disse

---

5. O tal teorema afirma que "num plano, a interseção de retas paralelas por retas transversais forma segmentos proporcionais". Pois é, filosofar não é só ficar brisando por aí...
6. CÍCERO. *De Natura Deorum*. 1.10.25. Apud BORNHEIM, Gerd. *Os filósofos pré-socráticos*. São Paulo: Cultrix, 2005, p. 23.

pro Tales: "Você quer saber o que rola no céu, mas não consegue ver o que tá perto do seu próprio pé".[7]

Mas tudo bem, mesmo com a cabeça nas nuvens o Tales era brilhante. A sede dele por conhecimento ficou famosa numa frase que resume bem o espírito das suas investigações, e talvez até da filosofia: "Conhece-te a ti mesmo e conhecerás os deuses e o universo".[8] Aí tá a força do pensar racionalmente da filosofia: ela dá a capacidade de ir puxando os fios até chegar a conhecimentos que pareciam distantes, mas agora se mostram pra gente, pra nossa razão.

Tales morreu em 547. a.C. e não deixou nada escrito. Quem reuniu e organizou seus esquemas foi Aristóteles séculos depois. A gente só pode concluir que o mano Tales é o bichão mesmo, hein?!

RESUMINDO TALES DE MILETO

⇨ Palavras-chave: observação, racionalidade, conhecimento.

⇨ Tales foi o primeiro filósofo da tradição ocidental.

⇨ Buscou explicar o mundo ao seu redor pela observação, considerando a água como o princípio de todas as coisas.

⇨ É considerado autor da máxima "Conhece-te a ti mesmo".

---
7. PLATÃO, Teeteto 174a.
8. ABBAGNANO, Nicola. *Dicionário de filosofia*. Tradução de Alfredo Bosi e Ivone Castilho Benedetti. São Paulo: Martins Fontes, 2007, s.v. "sábio".

1.2

PITÁGORAS,
o cabeção quadrado

Pitágoras: pau pra toda obra! Esse veinho ensinava não só filosofia, mas também matemática. Você provavelmente deve conhecê-lo não por suas reflexões filosóficas, mas pelo seu famoso teorema.[9] Como os demais pré-socráticos, muito da investigação de Pitágoras está na busca da *arché*, que ele acreditava poder ser encontrada através dos números!

Pitágoras nasceu na ilha grega de Samos, em aproximadamente 570 a.C. Filho de família rica, recebeu uma excelente educação desde muito jovem. Tocava lira, manjava de poesia, aprendeu filosofia e matemática. Sua cidade era um rico centro cultural, considerada uma referência em arquitetura. Ou seja, nosso mano Pitágoras era uma semente boa numa terra fértil.

Pitágoras também viajou muito e foi influenciado por grandes civilizações além do cercadinho dos gregos; passou bons anos num lugar chamado Mesopotâmia, aprendendo astronomia e outras artes, e estudou no Egito, onde provavelmente teve o maior impacto sobre as pessoas. Aprendeu com grandes magos (sim, magos!) e sábios sobre misticismo, matemática e filosofia, e os estudiosos acham até que seu conceito de "metempsicose" (calma aê que logo a gente chega lá!) pode ter

---

9. Olha lá, hein, cai em vestibular! Pra refrescar a memória: num triângulo retângulo (◣), o quadrado da hipotenusa é igual à soma dos quadrados dos catetos.

recebido influência dos egípcios. Ou seja, o mano deu um rolê bem louco pelo mundo e absorveu múltiplos saberes em áreas diferentes do conhecimento em cada lugar por onde passou, desde aritmética e geometria até misticismo.

Após toda a sua jornada, o gênio foi para o lugar que se conhece hoje como sul da Itália, pra uma cidade chamada Crotona, e fundou a tão famosa escola pitagórica. Nos dias atuais, o bagulho poderia ser até considerado uma seita, já que os alunos tinham que passar por uma espécie de iniciação e manter segredo sobre os assuntos tratados ali dentro. Mas, como sempre tem um fofoqueiro nessas paradas de mistério, a gente sabe hoje que a maior parte das coisas que rolava na escola do Pitágoras tinha a ver com números e formas geométricas. Pensa num pessoal tarado por número. Até filosofia e música eram números para esses malucos!

E o que os números significavam para Pitágoras? Harmonia! Ele dizia que podíamos entender o mundo e a natureza através de números e formas geométricas. Sendo assim, os números não são apenas símbolos ou conclusões racionais, mas o significado real por trás do universo.

Parece algum tipo de mania, mas juro que não é!

Para os pitagóricos, o cosmos é feito de diversos ramos matemáticos, especialmente a trigonometria. Isso foi deduzido pela observação dos astros. Eles ficavam observando como o céu mudava do amanhecer até o anoitecer, a cada estação etc. Para eles, havia uma ordem no mundo, saca? Devido a essa visão, concluíram que a Terra era esférica, e houve pitagóricos que até mencionaram a rotação da Terra sobre o eixo. Mas a maior descoberta deles foi no domínio da geometria, com o teorema que a gente já viu.

Além de números, Pitágoras filosofou sobre a vida de um jeito mais geral. Ele foi forte no misticismo e criou o conceito de "metempsicose", que é basicamente a crença de que a alma é imortal e, após a morte do corpo, é transferida para outro corpo. Contam que, certa vez, Pitágoras tava num rolê quando viu uma pessoa bater num cachorro. Ele sentiu pena e disse: "Parem, não lhe batam, porque é a alma de um estimado amigo. Eu o reconheci ao ouvir seu latido".[10] Allan Kardec que se cuide!

Para Pitágoras e seus seguidores, a alma é *harmonia*,[11] ou seja, "a unificação de muitos elementos misturados e a concordância dos discordantes".[12] Para eles, o melhor exemplo da harmonia da alma era a música: "A música é uma combinação harmoniosa de contrários, uma unificação de múltiplos e um acordo de opostos".[13]

Ou seja, de um jeito bem pitagórico, o círculo se fecha: a harmonia que está nos números também está na alma e na música.

Apesar dessa beleza toda, a vida de Pitágoras não foi lá muito fácil. O mano era um perseguido político e seus adversários incendiaram sua escola em Crotona, matando vários alunos.

E Pitágoras?

Taí mais um dilema da filosofia. Alguns estudiosos consideram que ele morreu no incêndio, outros consideram que conseguiu fugir para a cidade de Metaponto, também no sul da Itália, e morreu um tempo depois... Outros acham que ele continua vivo como o Elvis (não, isso não).

Se o dilema dos brasileiros é "Capitu traiu Bentinho?", o dos gregos é "Pitágoras morreu ou não no incêndio?".

Os que se salvaram viajaram pela Grécia espalhando o que lhes cabia ensinar, mantendo alguns ensinamentos de Pitágoras vivos por mais algum tempo.

---

10. DK 21 B 7, apud SPINELLI, Miguel. *Filósofos pré-socráticos*: primeiros mestres da filosofia e da ciência grega. Porto Alegre: EDIPUCRS, 2003, p. 131.
11. MACRÓBIO. *Comentário sobre o Sonho de Cipião*, 1.14.19 (DK 44 A 23) apud SPINELLI (2003), p. 133.
12. SPINELLI (2003), p. 133.
13. ESMIRNA, Teão de. *Comentários*, ed. Hiller, 12.10 (DK 44 B 10) apud SPINELLI (2003), p. 134.

A contribuição do brother Pitágoras é inestimável, pois ele não via os números só como os bagulhos pra fazer mecanicamente uma conta, mas como símbolos que tinham um sentido maior no universo, na vida e na natureza.

Será que havia algo que Pitágoras não conseguia fazer através dos números? De fato, esse maluco das contas teve uma contribuição que nenhuma equação pode calcular, já que devemos a ele muitas das paradas que temos e entendemos hoje!

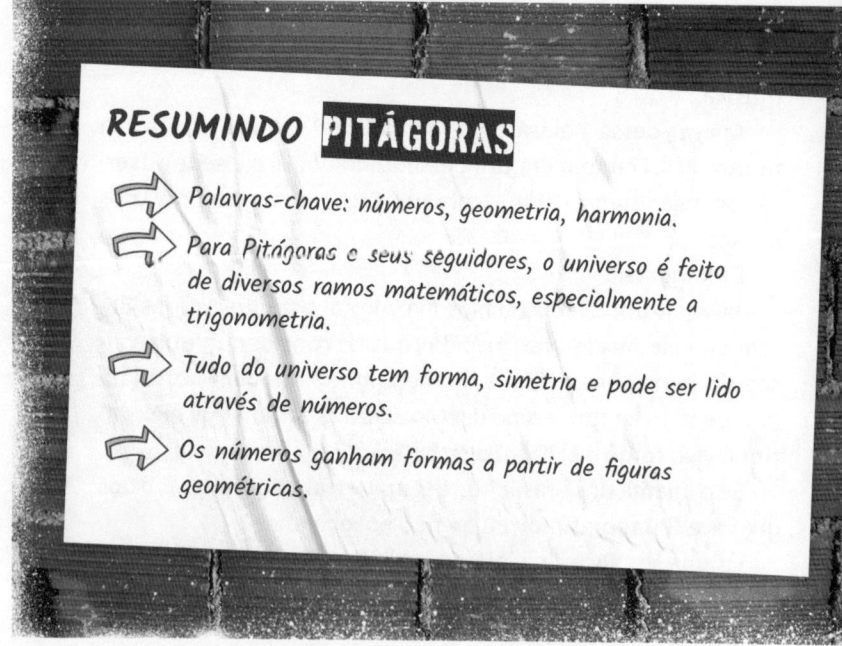

RESUMINDO PITÁGORAS

⇨ Palavras-chave: *números, geometria, harmonia.*

⇨ Para Pitágoras e seus seguidores, o universo é feito de diversos ramos matemáticos, especialmente a trigonometria.

⇨ Tudo do universo tem forma, simetria e pode ser lido através de números.

⇨ Os números ganham formas a partir de figuras geométricas.

1.3
HERÁCLITO,
o Obscuro

Pensa num boyzinho arrogante. Pensou? É que tu não conhece o Heráclito. Não se sabe quase nada da vida dele além de que nasceu em Éfeso, uma cidade grega que fica onde hoje é a Turquia, e que era tão antissocial que o pessoal não fez nem questão de anotar direito a data de nascimento dele. Só existe uma referência à época em que ele se tornou famoso: "Foi durante a 81ª olimpíada (456-454 a.C.) que se situa o acme de Zenão e de Heráclito, dito o Obscuro".[14]

Uns dizem que ele era da realeza, mas não quis ser filhinho de papai. Assim, renunciou a essas honras porque decidiu se dedicar aos estudos e à filosofia. E ele nunca se envolvia com a vida pública, o que os efésios achavam mó vacilo. Mas Heráclito, o Obscuro, não tava nem aí. Diógenes Laércio, uma espécie de "biógrafo de filósofos", conta que, uma vez, os efésios foram pedir pra ele estabelecer algumas leis pra cidade. Em vez disso, ele saiu da reunião e foi brincar com as crianças que estavam por ali. Como os efésios não desistiam e continuavam a encher o saco, ele respondeu: "Imbecis, não será melhor passar o tempo assim, em vez de administrar o Estado em vossa companhia?".[15] Rancoroso, né? Será que ele não tinha Deus no coração, não?

---

14. EUSÉBIO. *Cronografia*, DK 29 A 3, apud SPINELLI (2003), p. 167.
15. LAÉRCIO, Diógenes. *Vidas e doutrinas dos filósofos ilustres*, 9.2-3, DK 22 A, apud SPINELLI (2003), p. 169.

A doutrina filosófica de Heráclito tem alguns pontos interessantes. Como outros pré-socráticos, ele achava que todas as coisas haviam sido geradas de um elemento só. Pro Tales era a água, e pro Heráclito, o fogo. Mas o fogo não é aquilo que queima se você chega perto: pro Obscuro, o fogo era dotado de inteligência e foi a causa primeira do governo do universo.[16] Até a água era fogo (!) que tinha entrado num processo de condensação. Imagina o bug na mente dos caras achando que estavam apagando fogo com fogo condensado.

O ponto mais relevante da doutrina de Heráclito era o princípio do movimento incessante das coisas. Ele expressa isso nesta frase, que é um de seus fragmentos mais famosos:

> Não é possível entrar duas vezes no mesmo rio, nem tocar duas vezes uma substância mortal no mesmo estado; graças à velocidade do movimento, tudo se dispersa e se recompõe novamente, tudo vem e vai.[17]

Você pode entrar duas vezes num rio, mas nunca vai ser "o mesmo rio", porque as coisas já não são as mesmas: nem o rio, nem você. As águas fluíram e seguiram seu caminho com o movimento da natureza; você já teve outras experiências entre um banho e outro e também não é o mesmo.

Fala aê: Heráclito falava difícil, mas falava bonito.

Outro ponto fundamental da doutrina desse filósofo *dark* era que o mundo não estava em paz (claro que não, se tudo tinha vindo do fogo!). O cara acreditava que o mundo vivia num constante estado de tensão entre polos. Para ele, a discórdia causava a evolução e o movimento das coisas: "Tudo se faz por contraste; da luta dos contrários nasce a mais bela harmonia".[18]

---

16. ABBAGNANO (2007), s.v. "fogo".
17. Fragmento 91, apud ABBAGNANO (2007), s.v. "heraclitismo".
18. Fragmento 8, apud BORNHEIM (2005), p. 36.

Dessa forma, a luta e a guerra são importantes para o pensamento de Heráclito – ele disse que a guerra é "mãe e rainha de todas as coisas"[19] –, e essa conclusão foi uma novidade naquela época.[20] Mas, se ele fosse do século atual, seria considerado um baita barraqueiro.

Ainda assim, esses contrastes não viviam em guerra. Ele entendia que o *cosmos* era uma "unidade de contrapostos", ou seja, que os opostos se abraçavam.[21] Essa sacada pode ser considerada uma forma de dialética. Aliás, um dos maiores nomes dessa forma de pensamento é Hegel (um filósofo que você vai conhecer logo, logo), que confessou: "Não há proposição de Heráclito que eu não tenha acolhido na minha lógica".[22] Por esse motivo, Heráclito também pode ser considerado pai da dialética.

Sua morte também foi meio dialética, já que foi trágica e cômica: ele morreu atolado na bosta. Conta-se que depois de contrair hidropisia,[23] ficou muito debilitado e os médicos já não conseguiam mais ajudar, até que procurou um curandeiro que o aconselhou a mergulhar no estrume, pois o calor faria evaporar a água em excesso de seu corpo. Não deu outra: o filósofo mergulhou na bosta e acabou morrendo sufocado com a atitude genial.

---

19. Fragmento 53, apud ABBAGNANO (2007), s.v. "guerra".
20. KHAN, Charles H. *Pitágoras e os pitagóricos*: Uma breve história. São Paulo: Loyola, 2007, p. 58.
21. SPINELLI (2003), pp. 194-195.
22. ABBAGNANO (2007), s.v. "dialética".
23. É uma doença em que o corpo acumula uma quantidade anormal de líquido, e, se não for tratada, pode afetar órgãos vitais, como coração, pulmão e fígado.

RESUMINDO HERÁCLITO

⇨ Palavras-chave: fogo, movimento constante, luta de contrastes, dialética.

⇨ Para Heráclito, o fogo é o elemento que deu origem a todas as coisas.

⇨ Ele entendia que o cosmos era uma unidade formada a partir de polos contrários.

⇨ A discórdia entre os polos causa o movimento, de modo que, na vida e no mundo, tudo muda, nada é estável.

1.4
PARMÊNIDES,
o trava-mente

Na moral: a gente se admira com quão longe esse cara conseguiu chegar com as brisas dele. Esse filósofo lançou as bases para a metafísica clássica e ainda fundou a *ontologia* (estudo do ser). Ele também foi "rival" intelectual do Heráclito (a galera alongou as ideias e debate sobre os dois até hoje!).

Estou falando de Parmênides de Eleia!

Nascido em torno de 530 a.C. e falecido por volta de 460 a.C., ele foi um dos maiores nomes pré-socráticos. Nasceu na cidade de Eleia, na Itália, numa família rica e com certo prestígio. Seus primeiros contatos com a filosofia foram logo com a rapaziada pitagórica, em especial um mano chamado Ameinias, que se tornou seu professor. Algumas fontes citam que Parmênides também teria sido aluno de Xenófanes e teria até dado um rolê por Atenas, mas não ficou muito por lá, não. Mais tarde, fundou sua própria escola filosófica, chamada de escola eleática (Eleia, eleática, sacou?). Ele deixou seus principais pensamentos filosóficos organizados em um poema chamado "Sobre a natureza".

Por mais que nunca tenha se sabido de um encontro entre Parmênides e Heráclito, as ideias deles são tão divergentes e bem fundamentadas que rendem umas boas tretas filosóficas até hoje. Muitos estudiosos dizem que o coração desse debate filosófico está nesta pergunta: tudo muda e flui ou tudo permanece em essência?

Enquanto os filósofos pré-socráticos estavam na bota para achar a *arché* através da *physis* (natureza) em elementos como água, terra, fogo, ar, Parmênides dizia que todos estavam moscando! Para ele, a *arché* era o ser:

> E agora vou falar; e tu, escuta as minhas palavras, pois vou dizer-te dos únicos caminhos de investigação concebíveis. O primeiro [diz] que [o ser] é e que o não ser não é; este é o caminho da convicção, pois condiz à verdade. O segundo, que não é, é, e o que não ser é necessário; esta via, digo-te, é imperscrutável; pois não podes conhecer aquilo que não é – isto é impossível –, nem expressá-lo em palavra.
>
> Pois pensar e ser são a mesma coisa.[24]

Aí você para e pensa comigo. Travou aqui. Travou aí? Pois é justamente por isso ele é o fundador da ontologia!

Mas então o que é o "ser"? Tudo que existe é o SER, a existência é o ser, eu, tu, nós somos o ser e tudo no cosmos também; logo, é uma afirmação: o ser é (real), o não ser não é (real). Real aqui não é aquilo que existe na Terra, sabe? É um real diferente, é uma realidade racional, que pode ser vista como essencial em tudo aquilo que existe.

Algumas características do ser são:

- *O ser é um*. Só existem o ser e o não ser, não é possível que exista algo diferente, pois uma coisa ou está enquadrada em existir (ser) ou em não existir (não ser).
- *O ser é imutável*. O ser nunca foi diferente e nunca mudará (o que nos leva a concluir que o ser é eterno). Qualquer mudança faria com que o ser deixasse de ser o que é e passasse a ser uma coisa que não é; sendo assim, ele passaria a não ser, pois já não é mais o que era. (Complicou? Leia mais uma vez.)

---

24. Fragmentos 2 e 3, apud BORNHEIM (2005), pp. 54-55.

- *O ser é imóvel.* O ser não está dentro de um conceito de espaço-tempo: o espaço e o tempo é que estão dentro do ser. Ele está no todo e o todo está no ser.

Dá um nó na cabeça, né não? Essa fita de "ser é, não ser não é" acaba deixando a gente ruim da cabeça. Mas pra resumir: o ser é a concepção de tudo em sua "essência". Tudo é ser. Nós fazemos parte do ser porque nós existimos. E o não ser é tudo que não existe, então a gente nem precisa ficar brisando no que não existe, né? É impossível imaginar o inimaginável ou falar o impronunciável!

Esse conceito trava-mente de Parmênides está baseado num dualismo: tudo que existe não pode deixar de existir (sua essência sempre existirá) e o que não existe nunca poderá existir. O não ser é o próprio conceito de inexistência: aquilo que não existe não pode ser pensado, falado nem representado.

Para que aquilo que não existe começasse a existir, seria necessário um movimento, mas Parmênides rejeita fortemente esse conceito. Para ele, o movimento das coisas é uma ilusão criada pelos nossos sentidos. Nada realmente muda em essência, porque, se refletirmos de modo filosófico e com a razão, perceberemos que o conhecimento só é possível se for garantido sempre do mesmo jeito, porque, se ele mudasse, nós nunca o reconheceríamos, e pensar seria incompreensível.

Aqui já vemos o motivo da treta dele com Heráclito, percebeu?

Enquanto Parmênides diz que o ser é imutável e nada nunca vai mudar, Heráclito vai na contramão e diz que a própria natureza das coisas é mudar, está na essência do mundo mudar, pois a própria essência do mundo é um conflito entre forças opostas! Esse debate desaguou em uma pá de treta em que a galera se doeu por um e por outro. Vivem até hoje em suas assembleias filosóficas debatendo sobre um assunto de mais de 2.500 anos.

RESUMINDO PARMÊNIDES

⇨ Palavras-chave: ontologia, essência do ser, imutabilidade.

⇨ Para Parmênides, arché era questão de "ser ou não ser", e não de elementos essenciais.

⇨ O ser é imutável, ou seja, ele não se modifica.

⇨ O ser está no todo, e o todo está no ser.

PARTE 2

NA VIBE DA DEMOCRACIA

A partir de 450 a.C., a cidade de Atenas começou a crescer e a virar famosinha na região. Ela se tornou central para o mundo grego, e tanto a cultura quanto a filosofia ficaram mais concentradas lá.

Uma grande mudança que aconteceu nessa época foi o desenvolvimento da democracia, que significa "os cidadãos, em conjunto, decidirem o que querem fazer".[1] Mas não era qualquer um saindo por aí fazendo o que desse na telha: a democracia garantia o direito de expressão dos homens livres (alô, mulheres e escravizados, ainda não chegou a vez de vocês).

E, para participar dos processos democráticos, era preciso que o mano fosse culto. Tinha que ter recebido educação suficiente. E uma das coisas que os atenienses consideravam essencial era a capacidade de falar bem, chamada de *retórica*.

---

1. ABBAGNANO, Nicola. *Dicionário de filosofia*. Tradução de Alfredo Bosi e Ivone Castilho Benedetti. São Paulo: Martins Fontes, 2007, s.v. "governo, formas de".

Bom, não demorou pra um monte de gente *cult* querer lotar as ruas e praças e qualquer canto disponível de Atenas pra aprender e/ou ensinar retórica e/ou ganhar dinheiro. Essa turma que foi chegando a Atenas se chamava *sofista* e ganhava a vida ensinando os cidadãos a falar bem. Deve ter surgido um monte de curso do tipo "Aprenda retórica em seis meses com professor nativo de Atenas (ou seu dinheiro de volta)".

Com essa mudança de todo mundo olhando pra Atenas, e não mais pro céu, pro rio, pras plantas e coisas do tipo, a própria filosofia mudou: deixou de ser natural e se concentrou mais em pensar sobre o homem e sua posição na sociedade.[2] Por isso, em vez das brisas sobre a *arché*, você vai ver mais conversas sobre virtudes, felicidade e coisas ligadas ao dia a dia das pessoas.

E nessa vibe de democracia, de pólis, de vida em sociedade, surgiram os três maiores filósofos da Antiguidade clássica: Sócrates, Platão e Aristóteles.

---

2. GAARDER, Jostein. *O mundo de Sofia*: romance da história da filosofia. Tradução de João Azenha Jr. São Paulo: Companhia das Letras, 1995, p. 77.

2.1

SÓCRATES,
o debochado

Sócrates não foi aquele jogador da Copa, não! Foi um veinho grego que viveu há maior cota, deu começo a tudo dos filósofos clássicos e praticamente dividiu a filosofia em "antes de Sócrates" e "depois dele" (por isso que o bonde de antes é o dos pré-socráticos, e os próximos – adivinha! –, pós-socráticos).

Porém, apesar da sua importância, existe até um debate acadêmico que questiona se Sócrates realmente existiu ou se foi uma brisa que Platão teve para escrever os diálogos socráticos, tipo um *alter ego*.

Digamos que ele tenha realmente existido. Nesse caso, Sócrates nasceu em 470 a.C. em Atenas – foi o primeiro filósofo a nascer nessa cidade! Era filho de um escultor e de uma parteira. Ele não frequentou a escola, mas isso não significa que era analfabeto (esse é outro assunto muito discutido no mundo acadêmico, e dizem que foi por isso que Sócrates não escreveu seus pensamentos. Sócrates polêmico!).

Sócrates passou muito tempo e gastou muita grana indo atrás de professores famosos. Ele tinha vontade de aprender. Rodou o mundo e encontrou diversos filósofos e educadores orgulhosos, ensinando multidões. Os caras falavam sobre diversos conceitos e tinham muitas teorias. Mas, quando Sócrates perguntava "Por quê?", os professores não sabiam responder. Sócrates logo concluiu que esse pessoal só sabia o que tinham ensinado pra eles. Não tinham descoberto nada por si mesmos.

Após viajar muito e questionar vários que ostentavam o título de sábios, alguns jovens passaram a segui-lo. Algumas pessoas até chegavam pra Sócrates com propostas de dinheiro, para que ele lhes ensinasse o que sabia. Mas o filósofo não se julgava digno de aceitar a grana e muito menos capaz de ensinar, pois tudo que sabia e aprendera no decorrer de sua caminhada era baseado nas conversas que tivera consigo mesmo e nos encontros extraordinários com os tais filósofos.

Sócrates só reconheceu seu talento quando ajudou a mãe num parto muito complicado. Depois disso, começou a refletir que, assim como o trabalho de sua mãe era trazer à vida o bebê que estava para nascer, o seu era trazer à luz a sabedoria através da razão, ou seja, fazer o parto do conhecimento que já está dentro do sujeito. Ele disse:

> Tenho isso em comum com as parteiras: sou estéril de sabedoria; e aquilo que há anos muitos censuram em mim, que interrogo os outros, mas nunca respondo por mim porque não tenho pensamentos sábios a expor, é censura justa.[3]

Esse método de "parir o conhecimento" ficou conhecido como "maiêutica", uma palavra usada em grego até hoje que significa "a arte das parteiras; a arte de dar à luz".[4]

Agora, como é que nasce o conhecimento? Não é na maternidade, não!

Aqui entra o método socrático, que nada mais é que perguntar e responder. Pra isso, Sócrates usava a dialética, que, para ele, tem o sentido de "diálogo", ou seja, bate-papo. Para Sócrates, dialética é quando dois manos sentam juntos e chegam a uma conclusão. Esse processo pode ser dividido em duas etapas:

1. A ironia socrática.
2. A maiêutica propriamente dita.

---

3. ABBAGNANO (2007), s.v. "maiêutica".
4. ABBAGNANO (2007), s.v. "maiêutica".

E como funciona?

A ironia socrática é um deboche de progresso. Era quando Sócrates se fingia de tonto. Ele fazia isso pra parecer que tava invejando a outra pessoa, que ele nem chegava aos pés dela. Mas o que o gênio queria mesmo, no papo reto, era criticar o pensamento do outro cara.[5]

Ele fez isso, por exemplo, numa conversa com Íon, que era um recitador profissional de poesias (rapsodo). Pega essa visão:

> De fato, Íon, muitas vezes eu vos invejei, a vós rapsodos, por vossa arte; pois é invejável o fato de, por um lado, convir à vossa arte ter sempre o corpo adornado e vos mostrar os mais belos que é possível, e, por outro, o de vos ser necessário frequentar [i.e. passar o tempo com] vários e bons poetas [i.e. compositores], e sobretudo Homero, o melhor e mais divino dos poetas, e conhecer a fundo o pensamento dele, e não apenas os versos. Pois alguém não seria rapsodo, se não compreendesse o que é dito pelo poeta. É preciso, pois, que o rapsodo seja o intérprete do pensamento do poeta para os ouvintes. Mas é impossível que o faça bem aquele que não sabe o que quer dizer o poeta. Todas estas coisas, então, são dignas de serem invejadas.[6]

Sócrates puxa o saco do Íon, elogiando as roupas e fazendo de conta que tem inveja da vida dos rapsodos. Mas o que ele diz é o contrário do que ele pensa (sacou a ironia?). Na real, o que Sócrates pensa é que essa vaidade toda é superficial, tipo um disfarce que o Íon usa pra esconder o fato de que, na verdade, é um ignorante.[7]

---

5. SILVA, Mateus Araújo. A ironia de Sócrates nos Diálogos de Platão. *Classica*, l.7, pp. 229-258, 1995. Disponível em: www.revista.classica.org.br/classica/article/view/675. Acesso em: 1 jun. 2021; ASSUNÇÃO, Teodoro Rennó. Um exemplo de ironia socrática no Íon de Platão. *Classica*, l. 28, n. 2, 197-208, 2015. Disponível em: revista.classica.org.br/classica/article/view/370. Acesso em: 1 jun. 2021.
6. ASSUNÇÃO (2015), pp. 199-200.
7. ASSUNÇÃO (2015), p. 200.

Depois que o cara percebia o deboche e o tamanho da própria estupidez, Sócrates vinha na bala e apresentava uma linha de raciocínio da hora. Essa é a parte da maiêutica. O mano que conversava com ele conseguia chegar a uma ideia de milhão sobre o tema do bate-papo. Não tinha achismo nem senso comum. Foi tudo conversado e tudo fazia um sentido lógico.

Como Sócrates ficava causando no rolê dos professores e sábios da época, e não cobrava nada dos seus alunos, os renomados professores de Atenas ficaram pistolas com ele e começaram a acusar nosso brother de vários crimes. Sócrates foi convocado e julgado. O tribunal, composto de uns quinhentos cidadãos, condenou ele –, mas não à morte. Ele foi condenado ao exílio. Os manés sabiam que se condenassem Sócrates à morte poderiam causar um auê. Mas Sócrates não aceitou ser exilado e preferiu morrer. Ele tomou uma taça de veneno, encerrando sua vida, mas dando início ao seu legado.

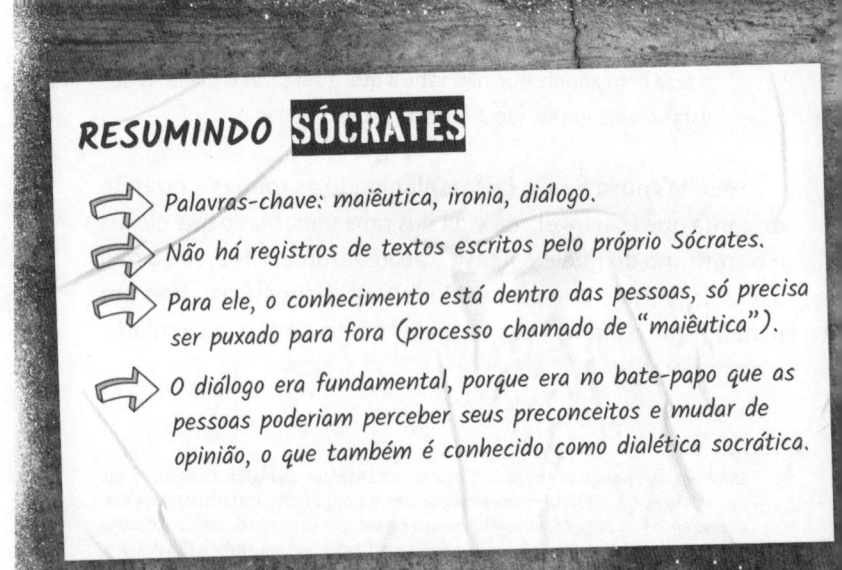

RESUMINDO SÓCRATES

⇨ Palavras-chave: *maiêutica, ironia, diálogo*.

⇨ Não há registros de textos escritos pelo próprio Sócrates.

⇨ Para ele, o conhecimento está dentro das pessoas, só precisa ser puxado para fora (processo chamado de "maiêutica").

⇨ O diálogo era fundamental, porque era no bate-papo que as pessoas poderiam perceber seus preconceitos e mudar de opinião, o que também é conhecido como dialética socrática.

2.2

PLATÃO,
só no mundo das ideias

Platão é o pilar da filosofia ocidental. Foi ele que reuniu as paradas do Sócrates nos seus escritos, chamados diálogos socráticos. Ou seja, o que se conhece hoje de Sócrates é por meio de Platão. Ele também foi professor de Aristóteles e criador de uma corrente de pensamento que influenciou grandes pensadores do cristianismo, como Santo Agostinho e São Tomás de Aquino. Platão era o cara, o avançado, o mano de visão.

Platão nasceu em torno de 428 a.C. O cara era até que bem de vida, de uma família tradicional ateniense bastante envolvida na política. Ele começou a seguir Sócrates ainda jovem e curtia o mestre. Acompanhou diversos episódios da vida de Sócrates. Mas o que mais influenciou Platão foi a morte do véio. Depois daquele dia, Platão começou a ter várias ideias políticas da hora e passou a refletir sobre como seria um sistema político ideal.

Após a morte de Sócrates, Platão decidiu dar um rolê e passou pelo Egito, pelo sul da Itália e por alguns locais da Grécia também, que antes não eram cidades como as nossas, era como se fossem cidades-países (os historiadores chamam de cidades-estados). A Itália e a Grécia, como países que conhecemos hoje, não existiam ainda. Os estudiosos não conhecem nenhum escrito de Platão dessa época, mas as paradas que ele viu – os pitagóricos no sul da Itália, os sábios egípcios, os diversos regimes políticos e formas diferentes de administração pública – ajudaram muito nas suas reflexões sobre a política. Ele levou a expressão "sair da bolha" ao extremo.

Mas nem só de resenha vive o homem: Platão passou por um grande perreco na viagem a Siracusa, uma cidade-estado na região da Itália, por volta de 388 a.C. Lá, ele tentou colocar sua teoria política em ação, planejando se tornar conselheiro do tirano Dionísio I.[8] Durante a sua estadia por lá, Platão acabou entrando em alguns desacertos e ideias tortas com o tirano, e foi vendido como escravo. Por sorte, logo foi resgatado por um amigo.

Com a tentativa frustrada de pôr em prática sua teoria política, Platão voltou a Atenas e fundou sua escola num ginásio que tinha o nome do herói Academos; assim, a escola de Platão ficou conhecida como "Academia".

A teoria política de Platão é instigante. Para ele, a democracia, a oligarquia e a monarquia eram regimes extremamente falhos por tenderem a dar mais vazão à ignorância do que à virtude, ou seja, os governantes teriam a tentação de se preocupar mais consigo do que com os governados. Platão desconfiava principalmente da democracia, que dava poder para uns manés sem virtude, e suas decisões só formariam mais manés entre o povo.

Então qual seria o modo ideal de governo segundo Platão? Seria a *sofocracia*: o governo do sábio, o regime do rei filósofo. Na sofocracia, a pólis estaria dividida em três categorias: a alma de bronze, a alma de prata e, enfim, a alma de ouro. Tipo Olimpíadas.

A alma de bronze seria o nível inferior da sociedade, que hoje poderíamos entender como a classe trabalhadora, o pessoal das quebradas etc. Platão achava que essas pessoas eram mais suscetíveis ao desejo carnal, ao prazer do corpo, à

---

8. A tirania, aqui, é uma forma de governo em que a lei é decidida pelas opiniões de uma pessoa ou de um grupo, em contraste com a democracia, na qual as leis são feitas pelo povo.

embriaguez, ao nível mais baixo de nobreza de espírito. Assim, essa parte da sociedade seria encarregada da produção e movimentação da pólis.

A alma de prata era constituída por aqueles que guardariam a pólis, os guardas, os soldados, a polícia que vigia os muros e as redondezas. Para Platão, a alma de prata está ligada à emoção, ao sentimento (em específico ao sentimento de patriotismo), ao dever e à vingança após uma derrota ou um ataque. A alma de prata guarda em si o sentimento pela pólis.

Por fim, a alma de ouro seria caracterizada pelo rei filósofo, o cara que conduziria a pólis com base em virtudes, na racionalidade e na reflexão de como suas ações impactariam a pólis. A alma de ouro seria a mais nobre porque é pautada na racionalidade – o que Platão considerava fundamental para viver.

E como essa teoria poderia ser aplicada? Veja bem. Podemos pensar num jogo de xadrez. A peça principal é o rei filósofo, a alma de ouro, pois ele é quem comanda, só perde se desiste ou não tem como escapar, como no xeque-mate. Podemos associar esse rei ao próprio jogador, que é quem vai decidir o posicionamento das peças e a estratégia. Resumindo, é ele quem vai puxar o bonde.

A alma de prata num tabuleiro de xadrez é formada por torre, cavalo e bispos, porque eles têm como objetivo fundamental proteger o rei e bloquear as ofensivas do time adversário.

A alma de bronze são os peões, quem vai dar o primeiro passo, movimentar o jogo e agitar as coisas.

As ideias políticas de Platão estão ligadas a um conceito mais amplo, que é o *idealismo*. Platão partia do princípio de que já nascemos com o conhecimento, apenas o esquecemos. Vamos redescobrindo o que já sabemos ao longo dos estudos e com a ajuda da razão. A razão é, sem dúvida, o principal pilar da teoria platônica. Para ele, ser racional é ser inteligente. A razão é um bagulho que já está na nossa mente e que faz as coisas do mundo terem sentido.

Através da razão, conseguimos acessar o mundo das ideias. Esse é, para Platão, o mundo perfeito de onde tudo se origina. O que temos em nosso mundo "real" é apenas uma cópia imperfeita do mundo das ideias.

Uma árvore, no mundo das ideias, está sempre com as folhas verdes, sempre dá frutas, não pega doença, não tem inseto. É tranquila e calma. No mundo real, uma árvore pode secar, ficar doente, não dar frutos, cair numa tempestade e morrer.

Como a gente acessa esse mundo suave das ideias? Platão fala disso no famoso mito da caverna.

> Imagine que você passou a vida inteira aprisionado numa caverna. Seus pés e suas mãos estão acorrentados e a sua cabeça está presa, de modo que você só consegue olhar para uma parede à sua frente. Atrás de você há uma fogueira acesa, e entre você e o fogo há uma passarela usada por seus captores para transportar estátuas de pessoas e vários outros objetos de um lado para outro. As sombras que esses objetos lançam na parede são as únicas coisas que você e seus companheiros de prisão já viram na vida, as únicas coisas sobre as quais pensam e conversam.[9]

Mas, um dia, um prisioneiro consegue se libertar e fugir da caverna. Vamos chamá-lo de MC Gaiola. Ele conhece o mundo lá fora, vê o sol pela primeira vez, deve ficar meio tonto com tanta informação, mas o MC Gaiola logo se acostuma. Impressionado com tudo, ele começa a pensar no que aconteceria se voltasse para a caverna e libertasse os colegas prisioneiros. Será que os manos acreditariam? Talvez não, porque ele mesmo não teria acreditado que estava vivendo numa caverna. Talvez os parça da caverna fossem achar que o Gaiola havia enlouquecido. Se ele insistisse muito, talvez até tentassem matá-lo. E depois, iam falar que tentar sair dali era perigoso, porque olha só o Gaiola,

---

9. DUPRÉ, Ben. *50 ideias de filosofia que você precisa conhecer*. Tradução de Rosemarie Ziegelmaier. São Paulo: Planeta, 2015, p. 50.

ficou doido. Ou o MC Gaiola poderia esquecer a caverna e seguir em frente, vivendo a liberdade.

O que Platão queria dizer com essa história?

Para ele, as pessoas nascem presas a parâmetros imperfeitos: a gente pensa e troca ideia só em cima do mundo real, que é imperfeito. Mas existe um mundo perfeito, ideal, que dá para alcançar através do estudo e da razão. Quando saímos da caverna, conseguimos perceber que estávamos presos por falsas crenças, ideias imperfeitas, preconceitos, achismos e senso comum. Sair da caverna é enxergar as coisas pela razão, pela lógica.

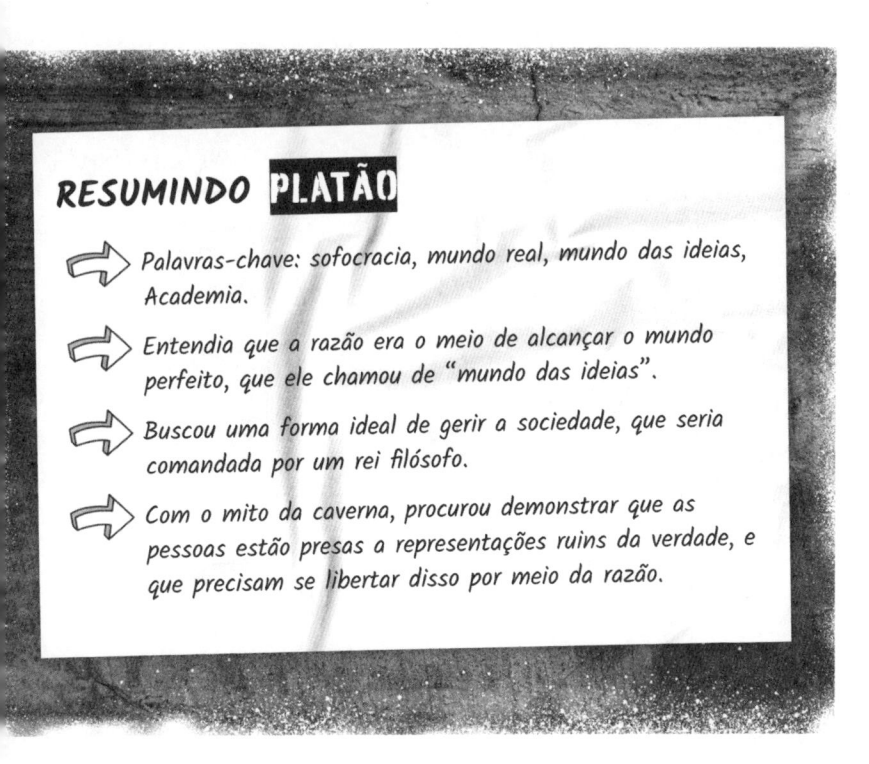

RESUMINDO PLATÃO

⇨ Palavras-chave: sofocracia, mundo real, mundo das ideias, Academia.

⇨ Entendia que a razão era o meio de alcançar o mundo perfeito, que ele chamou de "mundo das ideias".

⇨ Buscou uma forma ideal de gerir a sociedade, que seria comandada por um rei filósofo.

⇨ Com o mito da caverna, procurou demonstrar que as pessoas estão presas a representações ruins da verdade, e que precisam se libertar disso por meio da razão.

2.3
ARISTÓTELES,
pagando de *coach*

Aristóteles é um dos nomes mais famosos do mundo. A gente se pergunta: tem algo que esse mano não fazia? Ele escreveu sobre metafísica, física, ética, política, biologia, lógica, zoologia, música, poesia, retórica e diversos outros assuntos. O cara, de fato, foi extremamente completo (seria ele o homão da porra que todos sonham em ser/ter?); talvez, nos dias atuais, pudesse dar aula de todas as disciplinas do ensino básico.

Mano Aristóteles nasceu em 384 a.C. na cidade de Estagira, na província da Macedônia. Era filho de Nicômaco, um médico e amigo íntimo do rei macedônio Amintas III. O cara nasceu no meio dos grandes e, pelo berço de ouro, teve a oportunidade de estudar. Aos 17 anos, viajou para Atenas para se aprofundar em seus estudos. Lá, ingressou na Academia de Platão, tornando-se seu discípulo mais talentoso (alguns até consideram que ele era o queridinho de Platão, o puxa-saco do professor).

Sendo o aluno prodígio de Platão, ele estudou suas teorias metafísicas, políticas, epistemológicas e por aí vai; estudou também o antecessor de seu mestre, Sócrates, sua história, seus ensinamentos, reflexões e conceitos.

Após a morte de Platão, precisavam de um sucessor para continuar a Academia. Aristóteles estava certo de que seria escolhido, já que era o ajudante e o representante de classe apontado pelo mestre. Alguns até concordavam que ele deveria suceder Platão, mas não foi isso o que aconteceu.

Espeusipo, outro aluno, foi escolhido para liderar a Academia. Com essa escolha, muitas coisas mudaram. Espeusipo via a filosofia por um viés mais matemático, o que não agradou nada a Aristóteles, que, decepcionado com a escolha e ainda mais frustrado com o pensamento do novo "diretor" da Academia, rompeu com a escola e partiu, deixando a querida herança de seu mestre para trás.

Um tempo depois de abandonar a Academia e a cidade de Atenas, Aristóteles voltou pra casa, a Macedônia. Lá, foi convidado pelo rei Felipe II para ser o tutor de seu filho, Alexandre (que depois seria conhecido como ninguém mais, ninguém menos que Alexandre, o Grande). Alexandre e Aristóteles desenvolveram uma amizade profunda. Instruído sobre as artes da filosofia, da matemática, da retórica e da metafísica, seu aluno não viria a ser apenas um grande guerreiro e chefe militar, mas também um sábio, que pautava seu governo em dois pontos centrais da filosofia de Aristóteles: a felicidade e a virtude.

Para Aristóteles, as ações humanas sempre visam, no final, à felicidade: "A felicidade é, portanto, algo absoluto e autossuficiente, sendo também a finalidade da ação".[10]

E como ser feliz? Para ele, a vida feliz é o exercício da virtude:

> Não se pense, todavia, que o homem para ser feliz necessite de muitas ou de grandes coisas. [...] Mesmo desfrutando vantagens bastante moderadas pode-se proceder virtuosamente. [...] E é suficiente que tenhamos o necessário para isso, pois a vida do homem que age de acordo com a virtude será feliz.[11]

Virtude significa excelência, aquilo que é o mais top. O exercício da virtude, então, é fazer as coisas de um jeito top, de um jeito que as pessoas elogiem, e que demonstre ações sábias e

---

10. ARISTÓTELES. *Ética a Nicômaco*. Tradução de Leonel Vallandro e Gerd Bornheim. São Paulo: Abril Cultural, 1984, 1.7.1097b.
11. ARISTÓTELES (1984), 1.7.1097b.

excelentes.[12] Um escultor grego, por exemplo, que fizesse suas estátuas com perfeição, realismo e riqueza de detalhes era considerado digno de receber o título de "virtuoso no ofício".

Aristóteles diz que existem dois tipos de virtude: a intelectual e a moral. A intelectual é a do cabeção: aquilo que a gente desenvolve com o aprendizado. A segunda – moral – tem mais a ver com o "exercício da virtude". Você não desenvolve virtude moral lendo livros sobre essa parada, tem que praticar. "A virtude moral é adquirida em resultado do hábito. [...] Por tudo isso, evidencia-se também que nenhuma das virtudes morais surge em nós por natureza."[13]

É tipo futebol. Você não se torna um bom jogador jogando FIFA Soccer. Tem que calçar as chuteiras e correr lá na rua atrás da bola. Do mesmo jeito, a virtude moral se desenvolve na pessoa quando ela repete atitudes virtuosas.

Para Aristóteles, existem onze tipos de virtudes morais – tipo onze passos para a felicidade (Aristóteles pagando de *coach*): coragem, temperança, liberalidade, magnificência, honra, calma, veracidade, espirituosidade, amabilidade, modéstia e justa indignação.

É interessante observamos que essas virtudes morais se desdobram num ponto de equilíbrio. É como se fosse um meio-termo entre dois opostos, tipo entre o "relaxado" e o "neura". Ali no meio deles está um ponto de equilíbrio que, bem exercitado, produz a virtude.

Cola aê, vamos ver cada tipo de virtude.

1. CORAGEM

A coragem está no equilíbrio entre a covardia e a marra. A covardia é o vício de sempre fugir e não encarar os problemas de frente. A marra é aquela atitude de levar tudo no peito, de

---

12. LUZ, Ana Rosa. O teleologismo de Aristóteles: a teoria das virtudes à luz da ética a Nicômaco. *Ítaca*, 27, pp. 78-93 (2014), p. 80. Disponível em: revistas.ufrj.br/index.php/Itaca/article/view/2416/2065. Acesso em: 28 jul. 2021.
13. ARISTÓTELES (1984), 2.1.1103a.

querer enfrentar tudo na força. Nenhum dos dois é bom. Não dá pra viver fugindo dos problemas, mas também não dá pra passar por cima de tudo que nem trator. Algumas coisas nós podemos contornar.

2. TEMPERANÇA
A temperança é o equilíbrio entre ficar no canto da festa sem conseguir se divertir e ficar muito louco e fazer besteira. É saber curtir. O mano ou a mina que tem temperança sabe ir pra festinha, trocar umas ideias com os amigos, dançar, cantar, fazer tudo de que gosta, mas sem perder a postura.

3. LIBERALIDADE
Liberalidade é o equilíbrio entre ser mão de vaca e não poder ter dinheiro na mão sem sair gastando em coisas que não precisa. É saber administrar seus recursos financeiros e praticar a caridade sempre que possível.

4. MAGNIFICÊNCIA
Assim como a liberalidade, a magnificência tem a ver com dinheiro, mas com grandes quantias (é o que fala Aristóteles). Ser magnificente é ser estiloso: se equilibrar entre a mesquinhez e o mau gosto. Uma pessoa magnificente gasta o dinheiro com o objetivo de tornar os resultados os melhores possíveis.

5. HONRA (OU JUSTO ORGULHO)
Essa é uma virtude que tem tudo a ver com autoestima saudável. É a pessoa que sabe se aceitar, se cuidar e se amar. Ela não cai pro lado do desleixo, não cuidando de si, nem extrapola na vaidade, sendo exagerada.

6. CALMA
Calma é uma virtude difícil de se adquirir hoje, pois demanda tempo – o que menos sobra. Calma é o meio-termo entre ser esquentadinho e ter sangue de barata. Ser calmo é importante

para tomar decisões e para encarar tretas sem reagir de bate-pronto. Nem tudo precisa de uma resposta imediata; há coisas que demandam tempo.

7. VERACIDADE
A virtude da veracidade é sobre saber se valorizar e ser honesto. É o equilíbrio entre se achar e se menosprezar; a honestidade de ser sempre sincero e verdadeiro tanto consigo quanto com o próximo.

8. ESPIRITUOSIDADE
Ser espirituoso é ser bem-humorado. Essa virtude tá entre a pessoa que perde o amigo, mas não perde a piada, e a que leva tudo a sério e não sabe rir.

9. AMABILIDADE
Ser amável é ser gentil. A amabilidade é o equilíbrio entre ser otário, de quem todo mundo se aproveita, e ser cretino, que todos odeiam. É preciso sim ser gentil e ter educação com todos, mas ser pulso firme quando alguém age na maldade.

10. MODÉSTIA
A modéstia tem a ver com saber fazer amigos. Ela é o meio-termo entre ser acanhado e intrometido. Somos seres sociais, sendo assim, precisamos procurar estabelecer e manter relações com os outros.

11. JUSTA INDIGNAÇÃO
É saber diferenciar o certo do errado e saber como agir corretamente. É uma das coisas mais importantes e mais difíceis de se fazer, pois estamos sujeitos a cometer atos de injustiça, mesmo inconscientemente. Para ser uma pessoa mais justa, é necessário possuir e desenvolver todas as virtudes que Aristóteles mencionou.

O exercício dessas onze virtudes é cotidiano. Aristóteles propunha que as pessoas as usassem para desenvolver seu caráter e basear suas atitudes, pois elas as levariam a viver uma vida feliz. Nas consequências das atitudes baseadas nas virtudes é que enxergaremos a felicidade em nossa vida. Elas não são somente um estado de espírito, que dura um dia, um mês ou um ano. A felicidade reside, como o mano Ari diz, nas nossas atitudes – quando bem exercidas as virtudes, nossas ações nos levam à felicidade.

De fato, Aristóteles é um cara que tem uma caminhada de respeito, tendo grandes feitos em sua carreira como professor e filósofo. Ele morreu na cidade de Cálcis, na Grécia, de causas naturais. O mano estudou um pouco sobre tudo e incentivava a pesquisa em diferentes áreas na sua própria escola, chamada "Liceu". Foi guru de um dos maiores conquistadores da história ocidental, que, por sua vez, foi conquistado pelas ideias desse grande filósofo.

RESUMINDO ARISTÓTELES

⇨ Palavras-chave: virtude, felicidade, Liceu.

⇨ Para Aristóteles, o fim de todas as ações humanas é a felicidade.

⇨ Para ser feliz de verdade, é necessário ser virtuoso, ou seja, agir de forma sábia e excelente.

⇨ A virtude intelectual é adquirida pelo estudo; a virtude moral só é desenvolvida com a prática de atitudes virtuosas.

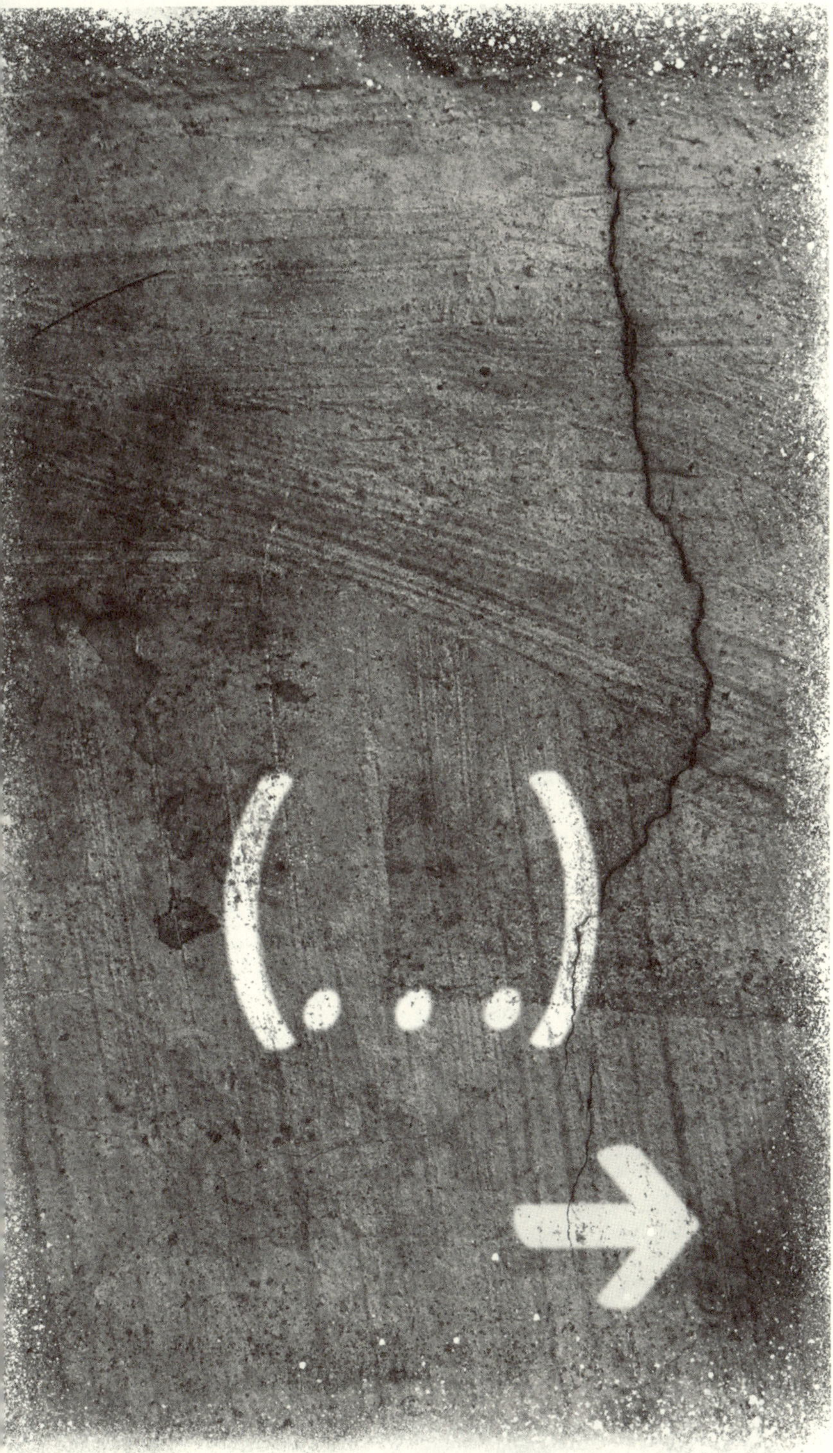

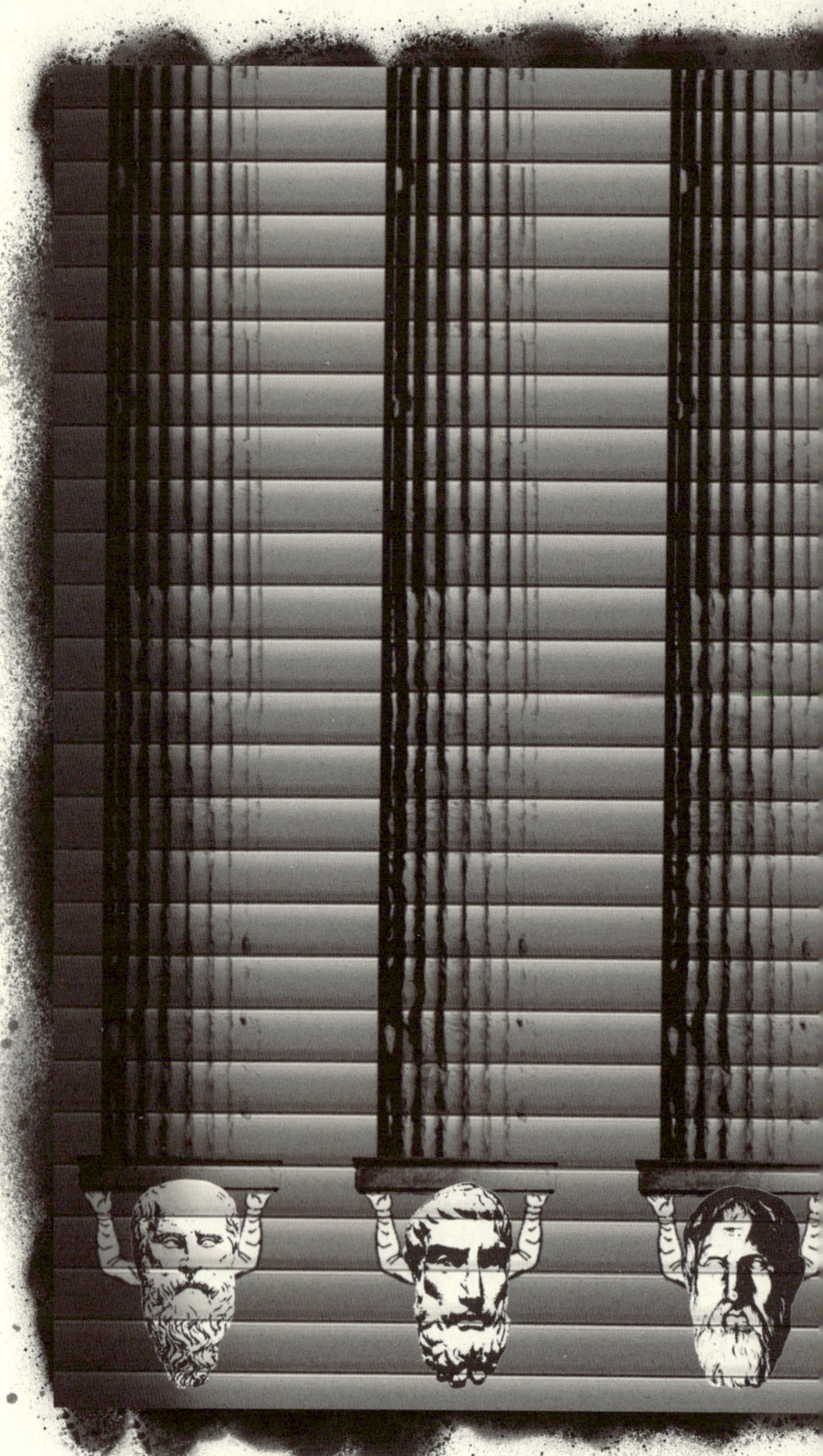

PARTE 3

O LEGADO HELENISTA

Quando Aristóteles morreu, Atenas já não era mais tudo aquilo. Um dos maiores motivos pra isso foi que uma pessoa se tornou o centro do mundo (ocidental, lembrando): Alexandre Magno, ou Alexandre, o Grande.

Ele era filho do rei Filipe II da Macedônia e deu de invadir a Grécia e governá-la. Depois da morte de Filipe, Alexandre saiu tocando o terror e conquistando todos os povos que viviam ali em volta: Egito, Índia, os persas e todo mundo que estava entre esses daí. E quando estavam todos no mesmo bonde, começou uma coisa nova na história: surgiu uma comunidade internacional, tipo uma ONU bem simplona, e, pro pessoal de lá se comunicar com o pessoal de cá, começaram a usar uma só língua, o grego (que foi tipo um inglês da época). Junto com a língua grega também se disseminou a cultura grega entre os povos, num movimento chamado de *helenismo*.

Como você já deve ter notado, cada vez que o mundo gira e as coisas mudam, os projetos filosóficos também mudam. Não foi diferente aqui. A filosofia helenista seguiu na tradição dos grandes clássicos, procurando responder às perguntas sobre qual seria o melhor jeito de o homem viver e morrer.[1] Foi nessa época que a ética (falamos dela na introdução, hein, vacilão?) se tornou um assunto importante nos debates filosóficos. O que é ser feliz e como alcançar a felicidade? (Eita que faz tempo que as pessoas estão procurando um jeito de ser felizes!).

Surgem três grupos filosóficos principais, cada um pensando a felicidade do seu jeito: os epicureus, os cínicos e os estoicos.

---

1. GAARDER, Jostein. *O mundo de Sofia*: romance da história da filosofia. Tradução de João Azenha Jr. São Paulo: Companhia das Letras, 1995. p. 147.

3.1
DIÓGENES,
na vida loka

Você curte rap? Já ouviu falar de Racionais MC's? É o grupo de rap que mais impactou o Brasil e influenciou toda a geração que veio depois – tudo que temos dentro da cultura do rap hoje deve muito a eles e a outros grandes nomes (salve Sabotage! Salve RZO! Salve MV Bill!). E se a gente te falar que teve um mano que não era só filósofo de falar pá e pum, mas também de viver? Desculpa, Mano Brown, mas o primeiro vida loka da história foi Diógenes! O pobre filósofo cachorro louco.

Diógenes de Sinope foi um filósofo e o principal nome da escola dos "cínicos" – inclusive, a palavra "cínico" vem do grego *kynismós*, que significa "cachorro" (filosofia estilo cachorro!).

A escola do cinismo foi fundada por um aluno de Sócrates chamado Antístenes de Atenas, nascido em 445 a.C., filho de um ateniense com uma escrava. O cara seguiu Sócrates até a morte; depois espalhou por aí seus próprios pensamentos, que formulou a partir da vivência com Sócrates. Levou a autossuficiência ao extremo, chegando a odiar o prazer – ele dizia que o prazer era desnecessário e até mesmo "um mal positivo".

Foi Antístenes o professor e mestre de Diógenes, e a gente só imagina se esse mano tinha consciência de que seu aluno levaria tudo ao pé da letra e viveria a vida mais doida já vivenciada por um filósofo.

Se você trombasse com esse mano na rua, certamente num primeiro momento pensaria que ele era um andarilho muito maluco, o que não está errado! Diógenes vivia como um mendigo loucão, mas com uma sabedoria que causou admiração até no homem mais poderoso de sua época: Alexandre, o Grande.

Diógenes nasceu na cidade de Sinope, atual Turquia, em 412 a.C., e acredita-se que tenha falecido em Corinto, na Grécia, em 323 a.C. Ele era, sem dúvida, uma personalidade bem famosa, enigmática e ignorante nas respostas (no sentido de ser bruto e direto), mas também era muito sábio.

Sua fama de cachorro louco veio justamente do seu comportamento atípico, pois, assim como um cão, ele dormia na rua, comia qualquer coisa e fazia suas necessidades em público (desde urinar até se masturbar). O animal não tem vergonha de ser natural como é, então, para ele, o homem também não deveria se envergonhar. Ele julgava que os demais homens levavam uma "vida artificial", ainda mais pensando nas virtudes de um cachorro, que instintivamente consegue distinguir amigo e inimigo, diferente do ser humano, que se diz tão sábio e dotado de razão e é enganado pelos interesses do outro. O cão responde à lealdade e à amizade com a verdade – um tapa na cara da sociedade!

Diógenes morava num barril, tipo o Chaves, carregava uma lamparina (que usava de dia), tinha alguns trapos que usava como roupa, um bastão e uma trouxa, em que guardava essas coisas. Ele costumava ter uma tigela para beber água, até o dia em que viu uma criança bebendo água com as mãos e pensou algo do tipo: *Acho que estou trazendo coisa demais comigo.*

Mas por que ele usava sua lamparina de dia? Quando as pessoas o questionavam, ele respondia: "Estou em busca de um único homem bom no meio de vocês".

Digamos que ele não curtia muito Platão não, pois considerava que Platão tinha elitizado desnecessariamente os ensinamentos de Sócrates, visto que Sócrates era modesto e simples. Conta-se que, certo dia, Platão estava dando aula e afirmou: "O homem é um bípede sem penas". Quando Diógenes ficou sabendo disso, não perdeu a oportunidade: ele literalmente depenou uma galinha, invadiu uma aula de Platão e jogou a galinha nele, dizendo: "Tá aí, rapaziada, o homem de Platão".

O cara era afrontoso ou não era?

Certa vez foi capturado por piratas e levado para ser vendido como escravo. Durante a navegação, deram só migalhas aos prisioneiros. Então Diógenes, como era ligeiro, fez a coisa mais sensata possível. Chamou o capitão do navio e disse: "Mano, quando vocês estão para vender um animal, vocês não o engordam, para conseguir vender sadio e gordo? Por que quando vão vender um homem, o mais nobre dos animais, o fazem passar fome até o reduzirem a uma caveira sem força, e assim lucrar muito pouco?".

Depois dessa ideia, os piratas começaram a alimentar bem os prisioneiros. Durante o leilão de escravos, na cidade de Corinto, quando chegou a vez de Diógenes, perguntaram pra ele: "No que você é bom?". E o filósofo respondeu: "Sou bom em governar homens". Ele olhou para a multidão que acompanhava o leilão e viu um senhor bem-vestido, que parecia ser bem rico. Apontou para ele e disse: "Vendam-me para aquele homem ali, ele parece que precisa ser governado".

O homem era Xeníades, um cara rico e bem generoso. Quando percebeu que estava sendo apontado pela "mercadoria", deu uma gargalhada e o comprou. Chegando em casa, ao longo de diversas conversas com Diógenes, percebeu do que se tratava: ele havia comprado um filósofo! E um filósofo muito sábio, por sinal. Tomando consciência disso, colocou na responsa de Diógenes as finanças de sua casa e a educação de seus filhos.

Talvez os episódios mais extraordinários sobre Diógenes digam respeito a seus encontros com Alexandre, o Grande. Certa vez, Alexandre estava de passagem pela cidade de Corinto e decidiu se encontrar pessoalmente com o velho filósofo. Ao avistá-lo tomando um banho de sol pela manhã, parou na frente dele e lhe disse: "Eu sou Alexandre, o Grande, o imperador da parada toda. Você pode me pedir o que quiser que eu te dou".

Diógenes simplesmente respondeu: "Devolva meu sol. Saia da minha frente e me deixe continuar tomando meu banho aqui, firmeza?".

A gente fica imaginando os soldados de Alexandre tentando entender a cena: um mendigo mandou o imperador mais poderoso do mundo sair da frente dele. Isso sem dúvidas não acontece todos os dias e, talvez, se não fosse a coragem de Diógenes, nunca tivesse acontecido.

Em outro encontro entre eles, Diógenes estava observando uma pilha de ossos jogados ao redor da cidade de Corinto. Alexandre viu o filósofo e ficou curioso para saber sobre o que ele estaria refletindo a partir daquilo. Se aproximou e perguntou: "O que você acha disso? O que você está pensando?".

Diógenes respondeu: "Eu estou tentando diferenciar os ossos de seu pai dos ossos de um escravo, mas não consigo".

Isso talvez tivesse sido um enorme desrespeito para qualquer imperador, mas, como se tratava de Alexandre, o Grande, o cara absorveu as palavras, que o fizeram entender a superficialidade da sociedade. Na morte não há distinção de quem é quem.

Diógenes era extremamente avançado para a mentalidade de sua época. Em meio a diversas tradições e muitos pensadores que defendiam a escravidão – como o próprio Aristóteles –, Diógenes ia contra. Ele quebrava padrões de uma forma bastante progressista. Será que a loucura dele era proveniente da falta de hipocrisia? Ou será que nós somos loucos pelo excesso de hipocrisia?

RESUMINDO DIÓGENES

⇨ Palavras-chaves: *cinismo, autossuficiência, vida natural.*

⇨ *Criticava os valores hipócritas da sociedade e vivia na contramão deles.*

⇨ *Acreditava que as pessoas tinham uma vida artificial e poderiam aprender mais se estudassem como um cão vivia.*

⇨ *Tinha ideias bastante avançadas para sua época, como a crítica à escravidão.*

3.2

EPICURO,
a arte de viver suave

Quem não busca ter um dia prazeroso? Um dia que dá gosto de viver e relembrar? O prazer é uma busca constante do ser humano.

Às vezes, prazer está associado à luxúria, mas isso, para os epicuristas, não tem nada a ver. Epicuro e seus brothers procuraram viver do jeito mais prazeroso possível e, justamente por isso, desprezavam uma vida que fosse puramente luxuosa, porque seria uma vida desequilibrada. Seria a diferença entre ouvir música tomando banho e ir a um show num dia de chuva.

Você pode perguntar: "Mano, qual a diferença? Vou me molhar nos dois e ouvir música nos dois". Véio, pega essa visão: a diferença está na medida. No banho você controla o tempo, a temperatura e a música, enquanto, no show, você não controla nada disso (correndo o risco de ficar resfriado, de perder seu celular e de não ouvir nenhuma música que você tava a fim). Não estamos dizendo "Não vá a shows!". É só um exemplo de que, às vezes, o simples pode ser mais prazeroso do que o luxuoso!

Esse pensamento é bem semelhante ao de Epicuro. Ele nasceu em 341 a.C. em Samos, uma ilha da Grécia. Desde muito novinho já curtia filosofia. Contam que o moleque tava lá, com uns 14 anos, numa aula de gramática, quando o professor citou um verso famoso: "No princípio todas as coisas vieram do caos".

Epicuro quis saber: "E o caos, veio de onde?".[2] Daí até os 18 anos, Epicuro estudou com um filósofo platônico chamado Pânfilo, e depois viajou para a cidade de Teos, na atual Turquia, pra continuar estudando – e tudo isso antes de se tornar maior de idade, quando foi pra Atenas. Lá ele teve contato com um discípulo de Platão, Xenócrates, que na época era o diretor da Academia.

Em 323 a.C., Epicuro voltou pra casa, mas ficou lá por pouco tempo. No ano seguinte, houve um *plot twist* em sua vida: morreu Alexandre, o Grande, e o sucessor dele deu de expulsar todos os colonos atenienses da ilha de Samos – o que era o caso dos pais de Epicuro. A família teve que recolher suas trouxas e vazar do local. O acontecimento fez com que Epicuro fosse morar na Anatólia, hoje Turquia, com alguns parentes.

Depois de um tempo, lá pelo ano de 310 a.C., Epicuro até teve uma brilhante ideia de fundar uma escola em Mitilene, porém não conseguiu, pois os malucos aristotélicos estavam ali e não queriam que isso ocorresse. Em 306 a.C., então, ele retornou para Atenas e aí sim abriu sua escola, que chamou de "Jardim". Ele ensinou ali até sua morte. O nome não tinha nenhum significado oculto, era só porque na casa onde lecionava havia um jardim.

O Jardim era tipo uma república de primeira. Bonito, organizado, com todos cooperando entre si, sendo amigos (inclusive da mãe natureza!) e vivendo pelo prazer. Muita gente morava ali. Impressionante não ter virado um BBB da época.

Assim como Aristóteles, Epicuro também estava em busca da felicidade. Mas, em vez de pensar numa vida de virtude, como o mano Ari, Epicuro entendia que o prazer era o "supremo bem", então, o ser humano devia buscar uma vida prazerosa para ser feliz. Mas o que de fato é o prazer?

---

2. JOYAU, E.; RIBBECK, G. *Epicuro, Lucrécio, Cícero, Sêneca, Marco Aurélio*. Os Pensadores. Tradução de Agostinho da Silva, Amador Cisneiros, Giulio Davide Leoni, Jaime Bruna. Ed. eletrônica. São Paulo: Abril Cultural, 1985.

Pra Epicuro, todo prazer é basicamente um prazer do corpo. Mas ele não acreditava que pra pessoa estar feliz ela tem que sentir prazer o tempo todo.[3] O sábio, ensinou Epicuro, é o cara ou a mina que consegue se lembrar de momentos prazerosos e revivê-los, sem ter que passar por aquilo de novo. Ele chama isso de "prazer em repouso" (*kathástemas*), enquanto o outro prazer, o que acontece no momento que tá rolando uma coisa legal, é o "prazer do movimento" (*kinesis*).[4] O prazer em repouso tem duas características: a *ataraxia* (ausência de perturbação, ou seja, ninguém enchendo o saco) e a *aponia* (ausência de dor, ou seja, corpo relaxado e suave).

Vamos dar um exemplo. Imagina alguém que curte muito jogar videogame. O prazer do movimento acontece quando o cara tá lá, jogando, passando de fase, conquistando os prêmios. Ele tem prazer em jogar. O que Epicuro propõe é que, pro cara ser chamado de sábio, ele tem que sentir o mesmo prazer quando não tá jogando videogame, mas se recorda lá das conquistas dele e se sente feliz.

E onde está o desejo aí no meio? Afinal, antes de se obter o prazer, é normal desejá-lo, não? E é justamente aí que Epicuro categoriza o desejo para nos ajudar a diferenciar as ações e conseguirmos atingir o prazer com mais clareza! Existem três tipos de prazer para Epicuro:

- *Natural e necessário*. Sem esse tipo, o nosso corpo entra em pane. Os desejos naturais e necessários permitem que nosso corpo continue funcionando: comer, hidratar-se, dormir, ter abrigo, fazer as necessidades fisiológicas. Literalmente o básico do básico.

---

3. JOYAU; RIBBECK (1985).
4. SILVA, Markus Figueira da. O hedonismo na obra *Vidas e doutrinas dos filósofos ilustres* de Diógenes Laércio: os cirenaicos e Epicuro. *Phoînix*, 23.2, pp. 80-93 (2017), p. 87. Disponível em: revistas.ufrj.br/index.php/phoinix/article/download/32957/18429. Acesso em: 5 jul. 2021.

- *Natural e não necessário.* São prazeres que dão gosto pela vida, e que podem ser satisfeitos pela natureza (por isso são naturais). Mas ninguém morre se não satisfizer esses desejos: realização profissional, sexo, produção intelectual, entre outras coisas.
- *Não natural e não necessário.* Como diz o próprio nome, são desejos artificiais, que a humanidade criou. Não têm nada a ver com a natureza (muitas vezes exploram a natureza para serem satisfeitos) e são totalmente desnecessários para a manutenção da vida: luxo, riqueza em excesso e tudo que vem disso (ninguém nasce dependendo de um cinto da Louis Vuitton).

Basicamente esse é o sistema da felicidade de Epicuro, que se completa com mais um elemento importante: a amizade!

Quando Epicuro fundou o Jardim, ele prezava justamente pelas boas companhias que se tornariam seus amigos até sua morte. Para seus alunos, Epicuro não era um professor. Era mais um brother, com quem filosofavam juntos. Ele se dedicava a cultivar as amizades, e influenciava as pessoas não só pelos seus ensinamentos, mas também pela sua firmeza.[5] Para Epicuro, é bom ter amigos simplesmente porque amigos são bons, ou seja, a amizade por interesse não é verdadeiramente amizade. Ele dizia: "Toda amizade deve ser buscada por ela mesma, mesmo que ela tenha a sua origem na necessidade de uma ajuda".[6]

Ninguém consegue ser plenamente feliz sem desfrutar de uma boa amizade, de pessoas especiais, importantes e verdadeiras com quem dividir a vida e momentos incríveis, e que inclusive podem inspirar os amigos e amigas a ter uma vida melhor.

---

5. JOYAU; RIBBECK (1985).
6. EPICURO. *Sentenças Vaticanas*, 23 apud SILVA (2017), p. 91.

Nem aquele que busca continuamente seu interesse é um verdadeiro amigo, nem aquele que jamais associa o interesse à amizade, pois um trafica favores para obter benefícios e o outro priva o pensamento de toda boa esperança no futuro.[7]

Foi entre seus amigos que Epicuro conheceu Hermarco, que o sucedeu na direção do Jardim após sua morte, aos 72 anos.

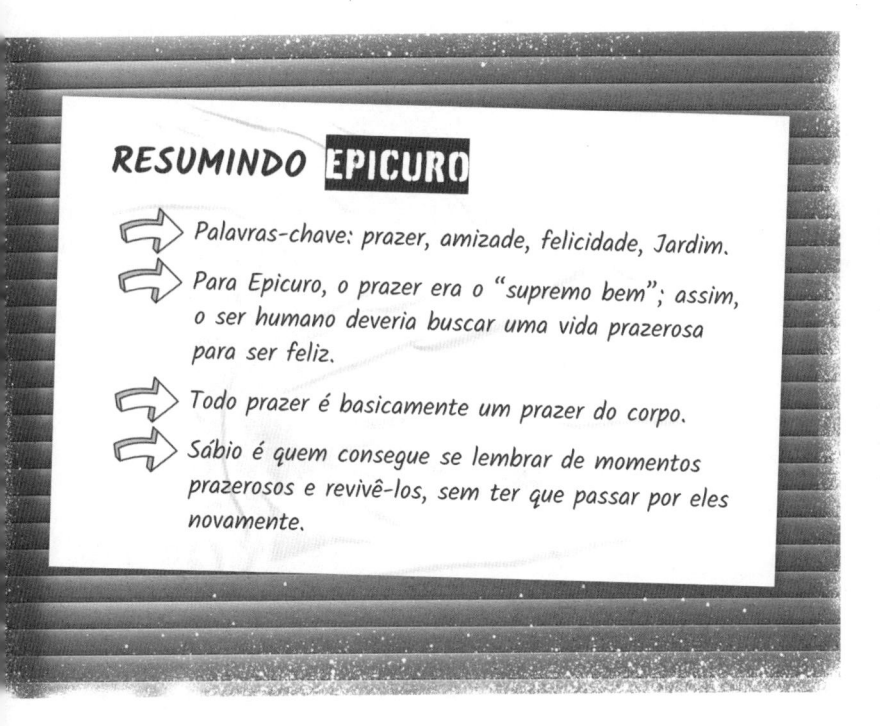

RESUMINDO EPICURO

➡ Palavras-chave: prazer, amizade, felicidade, Jardim.

➡ Para Epicuro, o prazer era o "supremo bem"; assim, o ser humano deveria buscar uma vida prazerosa para ser feliz.

➡ Todo prazer é basicamente um prazer do corpo.

➡ Sábio é quem consegue se lembrar de momentos prazerosos e revivê-los, sem ter que passar por eles novamente.

---

7. EPICURO apud SILVA (2017), pp. 91-92.

3.3
ZENÃO
e o bonde dos estoicos

Mano, imagina um mundo em que a gente não age por impulso na hora que acontece um B.O. Imagina ter paz de espírito a ponto de não tretar com seu amigo porque você perdeu naquele fut de quarta e ele tava no outro time. Imagina um mundo em que as mães não se deixam levar pela raiva titânica com movimentos ninjas de acertar chinelo toda vez que a gente quebra um copo sem querer. Esse seria o mundo de pessoas que praticam a filosofia do estoicismo.

O estoicismo é uma corrente filosófica muito famosa, criada pelos gregos, herdada pelos romanos e muito em alta hoje em dia. Foi fundada por Zenão de Cítio e chegou até o maluco mais incrível da história, o imperador Marco Aurélio.

Como já diz o nome, Zenão nasceu em Cítio, na ilha do Chipre, em 333 a.C. A história desse mano é o exemplo perfeito de "há males que vêm para o bem". O cara era um comerciante que perdeu tudo por conta do naufrágio de um navio. Após esse evento trágico, teve contato com alguns escritos que falavam sobre Sócrates. Zenão se interessou pelo pensamento do filósofo e começou a procurar um professor para aprender filosofia. Rodou, rodou até que achou Crates de Tebas, o cínico mais famoso de sua época, em Atenas. Para aprender mais sobre essas brisas da filosofia, ele estudou os grandes clássicos, como Heráclito e Sócrates, até que anos depois ele mesmo começou a filosofar e disseminar seu pensamento. Algumas pessoas quiseram segui-lo, e ele ensinava essas pessoas em ágoras gregas.

Inicialmente, seus seguidores eram chamados de zenonianos. Mas, como a turma que se reunia pro rolê se encontrava sempre debaixo de um pórtico pintado (em grego, *stoá*), acabaram sendo conhecidos como estoicos.[8]

E qual é a brisa desses estoicos? Vamos lá desenrolar esse pensamento aí.

O objetivo da vida, para um estoico, é "viver de acordo com a natureza". O que é viver de acordo com a natureza? Viver no pique Tarzan? Muito pelo contrário! Os estoicos entendiam que os humanos são dotados de uma coisa que os diferencia dos animais: a razão. Quando não usamos a razão para guiar nossas ações e nos entregamos para paixões e instintos, caímos de nível e passamos a nos comportar como animais, agindo *contra* a nossa natureza, que é a razão. Então, para viver uma vida que vale a pena ser vivida precisamos da razão guiando nossas ações.

Os estoicos buscavam a felicidade (*eudaimonia*) pela virtude. Isso significa que, pra chegar à felicidade, o caminho é a virtude. Isso tem tudo a ver com o que a gente viu com o mano Ari, que dizia que a virtude é essencial para a felicidade. Para ser genuinamente virtuosa, a pessoa tem que fazer as coisas pensando na virtude em si, e não no que vai ganhar com esse comportamento. A virtude é a própria recompensa da atitude boa.

Os estoicos acreditavam num determinismo cósmico segundo o qual tudo no universo acontece independentemente de nosso desejo ou vontade, ou seja, tudo acontece de maneira harmoniosa e determinada no universo inteiro, e nós não temos poder para interferir nisso. O que nos resta é nos adequar à situação. Ser maleável e aceitar as ocorrências felizes ou trágicas que acontecem conosco e ao nosso redor é importantíssimo para os estoicos. Com a razão, nem os incidentes mais trágicos podem nos perturbar ou roubar nossa brisa.

Isso é sabedoria prática, saber desenrolar uma situação difícil ou extraordinária de forma lógica, inteligente e muito calma,

---

8. ABBAGNANO, Nicola. *Dicionário de filosofia*. Tradução de Alfredo Bosi e Ivone Castilho Benedetti. São Paulo: Martins Fontes, 2007, s.v. "estoicismo".

usando a razão. Controlar as emoções é essencial para viver. Entender que você não controla nada além de si mesmo é um dos segredos da vida! Não dá pra controlar quando chove ou quando faz calor, você só pode controlar sua reação em cada um desses cenários. Você deixaria um dia chuvoso estragar seus planos? Ou passaria um dia inteiro reclamando do calor?

A filosofia estoica não quer transformar pessoas em robôs sem emoções, mas fala de desenvolver a razão em seu melhor potencial para que as pessoas filtrem e julguem as emoções de forma racional e coerente, não se deixando perturbar por coisas que não são nem essenciais nem importantes – principalmente aquelas que não podemos mudar. O julgamento claro, a autodisciplina e principalmente a calma interior são os objetivos de tudo isso.

Os estoicos se baseavam na *aphateia*, um estado de espírito com ausência total de perturbações, quer provocadas por emoções, quer por eventos externos. Se sua mãe buscasse a *aphateia*, ela não atiraria um chinelo em você a cada copo quebrado por acidente, como já falamos aqui, pois, quanto ao objeto perdido, não haveria nada que ela pudesse fazer. O desequilíbrio da emoção do ódio titânico que as mães têm quando um copo quebra (não quando ele quebra sozinho, mas quando um filho quebra meio sem querer querendo) é um grande exemplo do contrário da *aphateia*, enquanto abrir mão do ódio gerado pelo copo quebrado é um exercício de estoicismo.

RESUMINDO ZENÃO

⇨ Palavras-chave: razão, determinismo, ausência de perturbações.

⇨ Os estoicos entendiam que os humanos se diferenciavam dos animais pela razão. Ela deve guiar nossas ações.

⇨ Para os estoicos, o caminho para a felicidade é a virtude, e essa virtude é racional.

⇨ Os estoicos acreditavam num determinismo cósmico segundo o qual tudo acontece de maneira harmoniosa no universo inteiro, e a humanidade não tem poder para interferir.

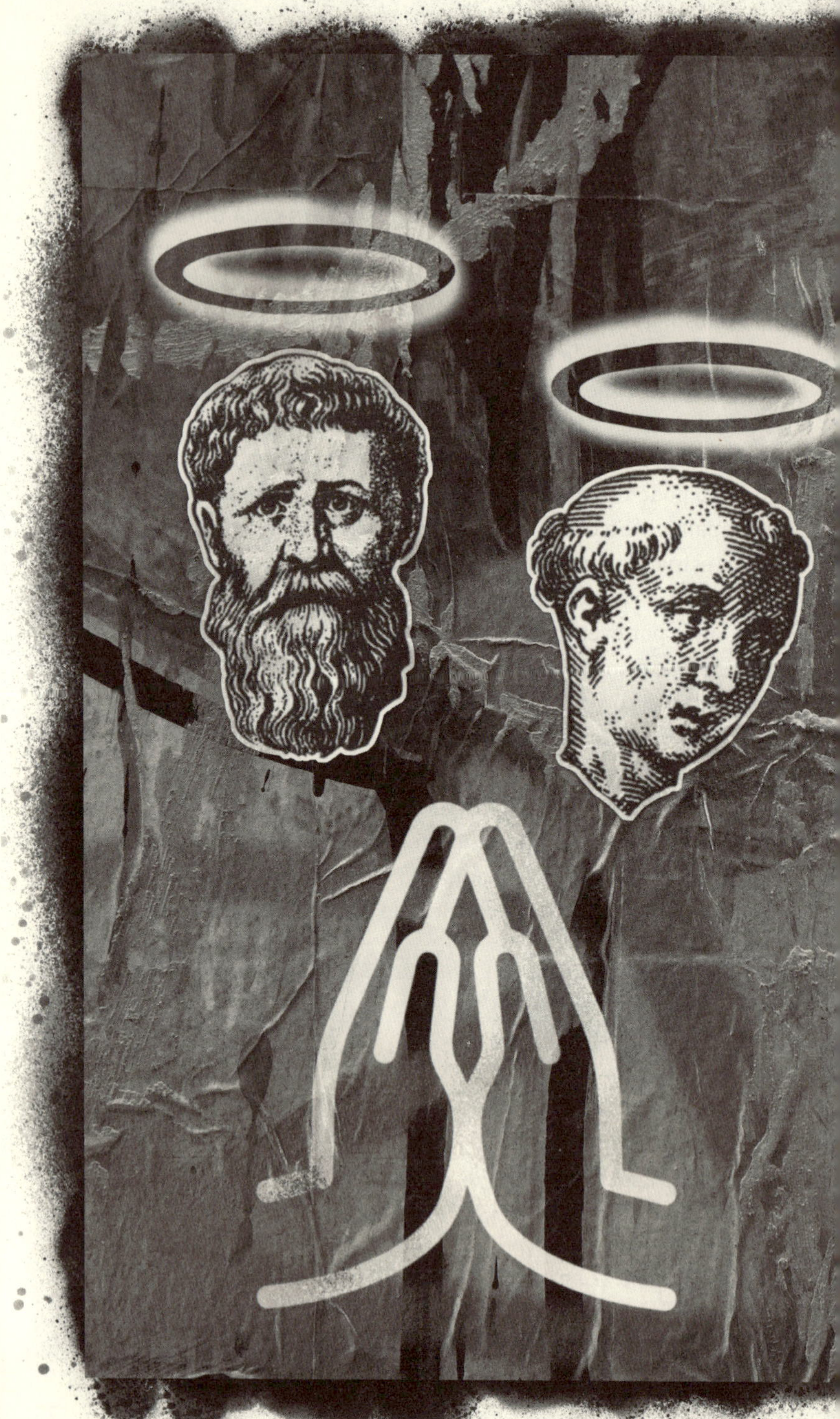

PARTE 4

QUEM FORAM OS COROINHAS

Com a morte precoce de Alexandre, o Grande, que faleceu sem deixar herdeiros, o mundo foi mudando de dono e passando de mão em mão até que o Império Romano conseguiu um domínio absurdo e se tornou meio que o único chefão da coisa toda.

Mas aí, lá na periferia do mundo, fora do paranauê greco-romano, nasceu um maninho que, na época dele, não foi grande sucesso, mas depois se tornou tão, tão megaimportante que dividiu o calendário em antes e depois dele. Estou falando de Jesus Cristo.

Os seguidores de Jesus Cristo, chamados de *cristãos*, começaram a se espalhar por todo lado, da periferia da Palestina para o que era visto por alguns como a zona nobre do mundo – Roma, Atenas, Alexandria.

Como falamos, no helenismo aconteceu um *mashup* de culturas e religiões. O *sincretismo* religioso era uma marca da cultura helênica. O cristianismo nasceu no meio desse mix e, para evitar que sua mensagem se misturasse às outras, os primeiros cristãos começaram a estabelecer quais eram as regras do jogo.[1] Com isso surgiu a *patrística*, como é chamada a filosofia cristã dos primeiros séculos.

---

1. GAARDER, Jostein. *O mundo de Sofia*: romance da história da filosofia. Tradução de João Azenha Jr. São Paulo: Companhia das Letras, 1995, p. 179.

Ela organiza as principais crenças e doutrinas do cristianismo, mas não pensa isso separado da filosofia. Pros primeiros pensadores da Igreja, a religião cristã é a versão última e definitiva da verdade.[2] Na metade final da Idade Média, com a criação das universidades, essa doutrina começou a ser ensinada em conjunto com um remix da filosofia grega, especialmente de Platão e Aristóteles. Esse jeito de pensar e ensinar recebeu o nome de *escolástica*.

Por isso, os coroinhas filósofos, esses maninhos religiosos que depois foram canonizados pela Igreja, usavam a razão para provar, entre outras coisas, a existência de Deus. Eles apenas confrontavam a fé e o saber, sem considerá-los inimigos.

Aqui você vai conhecer dois coroinhas, um da patrística do primeiro tempo da Idade Média (chamado Alta Idade Média, que vai do século 5 ao 10), e outro da escolástica do segundo tempo (chamado Baixa Idade Média, do século 11 ao 15). Sim, a Idade Média – ou, como muito foi chamada, e às vezes ainda é, Idade das Trevas – durou nada mais, nada menos que mil looongos anos.

---

2. ABBAGNANO, Nicola. *Dicionário de filosofia*. Tradução de Alfredo Bosi e Ivone Castilho Benedetti. São Paulo: Martins Fontes, 2007, s.v. "patrística".

4.1
AGOSTINHO DE HIPONA,
o crente platônico

Aurélio Agostinho de Hipona, mais conhecido como Santo Agostinho, foi um maninho peculiar. Peculiar porque foi considerado um pensador medieval, mas nasceu em 13 de novembro de 354, bem no fim do Império Romano, ou seja, para ser medieval de fato, precisaria ter nascido uns cem anos depois. Assim, podemos considerá-lo um filósofo de transição – transição da Idade Antiga para a Idade Medieval. Ele foi o principal pensador da vertente que chamamos de patrística.

Santo Agostinho nem sempre foi um santo. Nasceu em Tagaste, uma cidade no norte da África, onde hoje se localiza a Argélia. Na época, o território era dominado pelos romanos. Seu pai era pagão, enquanto sua mãe, Mônica, era cristã (após a morte, ela foi canonizada como Santa Mônica). Agostinho ficou ali no meio-termo entre a religião da mãe e as crenças do pai.

Aos 17 anos, Agostinho foi estudar retórica em Cartago (também no norte da África, na região da atual Tunísia), onde teve seus primeiros contatos com a filosofia maniqueísta. Essa corrente filosófica e religiosa foi criada pelo profeta persa Maniqueu. Ela se baseia numa brisa de que tudo no mundo se divide entre bom e mau: a luz é o bom, e as trevas, o mau; a alma é o bom, e a matéria, o mau; e assim por diante.

Também foi lá em Cartago que ele começou a se desvirtuar com a turminha que, hoje, sentaria no fundão da sala. Seguiu a vida hedonista: bebia mais do que conseguia, tombava triloco, saía com várias mulheres, totalmente vida loka. O bichão não queria saber de nada. Imagina como sua mãe superdevota ficou com a situação: "Ô, meu fi, aceite Deus no seu coração". Dois anos depois, Agostinho se apaixonou por uma jovem cartaginesa, e aí já viu, né? Viveram juntos, sem se casar, por treze anos e tiveram um filho, que, a título de curiosidade, se chamava Adeodato. Só que a dona Mônica, querendo endireitar o filho, arrumou um casamento no papel com outra mina, mas Agostinho um tempo depois teve que largá-la. Acredita-se que ele realmente a amava e ficou muito deprimido após ser obrigado a terminar o relacionamento (treze anos não são treze semanas, não é mesmo?).

Agostinho viveu os próximos anos como professor de gramática e retórica, mudando de cidade em cidade até chegar a Mediolano, atual Milão, no norte da Itália.

Um dia, mano Agostinho tava numa bad profunda. Tinha uma sensação de vazio no coração, e aí ouviu uma criança cantarolando uma canção. Mesmo sem conseguir ouvir tudo, escutou bem um trecho que dizia: "Toma e lê". Com isso, ele entendeu que deveria abrir a Bíblia e ler a primeira passagem que encontrasse. Fazendo isso, ele se deparou com o seguinte texto:

> Caminhemos [na vida] com decoro, como que em pleno dia, e não com festas e bebedeiras, nem com relações sexuais e libertinagens, nem com discórdia e inveja; mas [em vez disso] revesti-vos do Senhor Jesus Cristo e nada façais para providenciar a satisfação dos desejos da carne.[3]

Ele escreveu o seguinte sobre esse episódio:

---

3. Romanos 13,13-14. Tradução de Frederico Lourenço (São Paulo: Companhia das Letras, 2018).

> Não quis ler mais, nem era necessário. Quando cheguei ao fim da frase, uma espécie de luz de certeza se insinuou em meu coração, dissipando todas as trevas de dúvida.[4]

Um ano depois, Agostinho e seu filho foram batizados por Ambrósio, bispo de Milão. Aos 37 anos, ele foi ordenado sacerdote na cidade de Hipona, no norte da África, atual Argélia. Quatro anos depois foi promovido a bispo da cidade, e por isso também é conhecido como Agostinho de Hipona.

Uma questão que sempre foi central para Agostinho era o chamado "problema do mal", ou seja, qual é a origem do mal? Ele encontrou algumas explicações com os maniqueístas, mas nunca achou uma resposta que acabasse com sua neura. Ele continuava se indagando: *Quem me criou? Não foi o bom Deus, que não só é bom, mas a própria bondade? De onde, então, me vem essa vontade de querer o mal e de não querer o bem?*[5]

E também:

> [Eu dizia:] Deus é bom, imenso e infinitamente mais excelente que suas criaturas; e, como é bom, fez boas todas as coisas; e vede como as abraça e penetra! Onde está pois o mal? De onde e por onde conseguiu penetrar no mundo? Qual é a sua raiz e sua semente? [...] De onde, pois, procede o mal se Deus, que é bom, fez boas todas as coisas?[6]

Depois de se tornar cristão, Agostinho percebeu que a filosofia maniqueísta não estava com nada, porque as trevas nada são senão a ausência da luz, e o mal é nada mais que a ausência do bem.

---

4. AGOSTINHO. *Confissões*. Ed. eletrônica, 2007, 18.2. Disponível em: www.google.com.br/books/edition/Santo_Agostinho_Confiss%C3%B5es_Livro_Primei/-slxBAAAQBAJ?hl=pt-BR&gbpv=1. Acesso em: 7 jul. 2021.
5. AGOSTINHO (2007), 7.3.
6. AGOSTINHO (2007), 7.5.

Mas que são trevas, senão ausência da luz? De fato, se então existisse, onde estaria a luz senão sobre a terra, para iluminá-la? Mas como a luz ainda não existia, o que era a presença das trevas, senão a ausência da luz? As trevas reinavam sobre o abismo porque a luz não existia, do mesmo modo que onde não há ruído reina o silêncio. E que significa reinar o silêncio, senão falta de som?[7]

É importante dizer que Agostinho não tirou essas ideias do nada. Essa brisa do mal como um "não bem" vem de uma corrente chamada *neoplatonismo*. Os neoplatônicos, que surgiram no século 2, usavam a filosofia de Platão para defender verdades religiosas.[8]

De fato, Agostinho reproduz muitas ideias de Platão. Assim como o veinho grego, Agostinho também acreditava que as ideias são perfeitas, imutáveis e eternas. Para o santo, o mundo das ideias corresponderia ao reino celestial, e o que Platão chama de mundo material (imperfeito, sensorial), na filosofia agostiniana é o mundo dos homens.

A diferença entre eles é que, enquanto Platão acredita que a alma acessa o mundo das ideias, Agostinho acredita que as ideias já estão dentro da alma! Para ele, quando Deus criou as pessoas, colocou em sua alma – que é perfeita, eterna e imutável – as ideias. Assim, o conhecimento já estaria dentro de nós.

E para acessá-lo? Segundo Agostinho, para acessar as ideias é necessária a irradiação divina: Deus iluminará nosso intelecto para conseguirmos acessar as ideias. Para que esse processo ocorra, é preciso praticar rituais como oração, jejum, meditação, entre outros.

Para Santo Agostinho, a fé e a razão se completam. A razão é dada por Deus para que o homem se desenvolva espiritualmente e encontre felicidade por meio da verdade e do exercício do livre-arbítrio.

---

7. AGOSTINHO (2007), 12.3
8. ABBAGNANO (2007), s.v. "neoplatonismo".

Santo Agostinho faleceu dia 28 de agosto de 430, beeem no final do Império Romano do Ocidente. Foi canonizado e recebeu o título de "Doutor da Igreja".

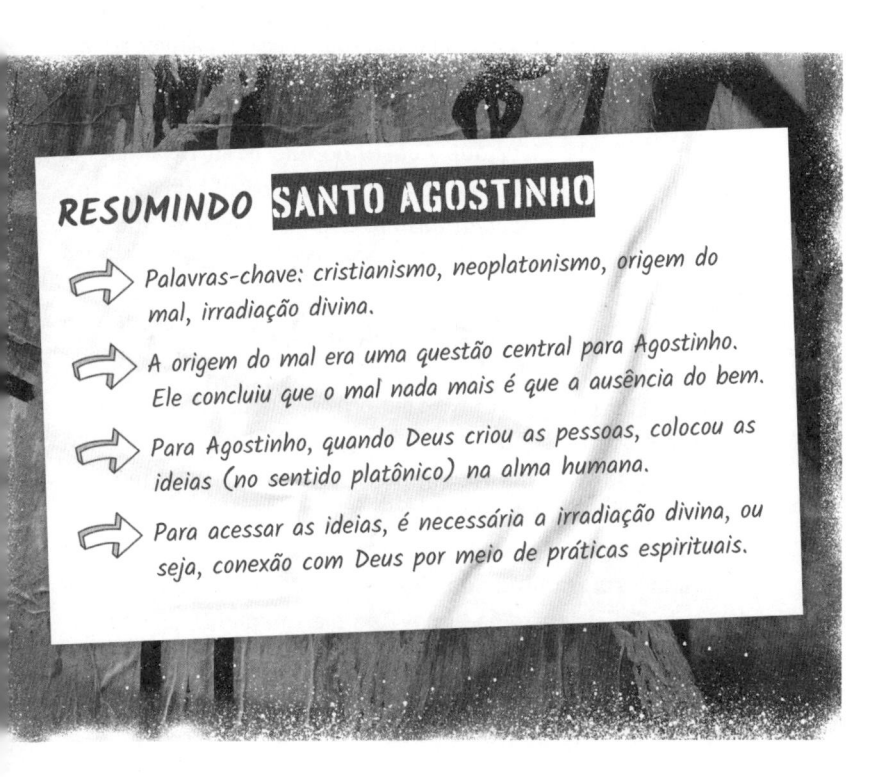

RESUMINDO SANTO AGOSTINHO

- Palavras-chave: cristianismo, neoplatonismo, origem do mal, irradiação divina.

- A origem do mal era uma questão central para Agostinho. Ele concluiu que o mal nada mais é que a ausência do bem.

- Para Agostinho, quando Deus criou as pessoas, colocou as ideias (no sentido platônico) na alma humana.

- Para acessar as ideias, é necessária a irradiação divina, ou seja, conexão com Deus por meio de práticas espirituais.

4.2
TOMÁS DE AQUINO,
o missionário filósofo

São Tomás de Aquino é um maninho que a gente admira. O cara era função total. Sua personalidade lembra, de certo modo, o pessoal da Corvinal, do Harry Potter (perdoe a heresia!). Além de muito dedicado ao estudo, sempre manteve o foco na sua real missão, mesmo passando por diversos episódios que o tentassem a desistir de seu caminho como santíssimo. Tomás se manteve fiel e focado nos estudos e, no final, podemos concluir que sua jornada foi bem-sucedida.

Tomás de Aquino nasceu em 1225 na comuna de Roccasecca, na Itália. Veio de uma linhagem nobre, apesar de seu pai não pertencer ao ramo mais poderoso da família, sendo apenas um "miles" (cavaleiro medieval). Enquanto o resto da família buscava uma carreira militar, os pais de Tomás tinham outros planos para ele: desejavam que o menino ingressasse na Igreja e se tornasse abade.

Tomás de Aquino estudou desde os 5 anos – era um menor disposto desde muito novinho. Mais tarde, seus pais o matricularam na *studium generale*, ou seja, na universidade, em Nápoles, onde provavelmente teve seus primeiros contatos com os escritos do grandessíssimo Aristóteles. Foi também lá que trocou as primeiras ideias com o pessoal dominicano, uma ordem de missionários da Igreja também conhecida como "Ordem dos Pregadores". Tomás de Aquino simpatizou muito com os caras e com a causa em si, até que, aos 19 anos, decidiu fazer parte do bonde dominicano ingressando na Ordem dos Pregadores.

Daí para a frente, começou a dar tudo errado na sua vida, parecia até filme do Adam Sandler. A família de Tomás de Aquino embaçou demais na dele, não concordou com a decisão, em especial sua mãe. A veinha não curtia essas ideias, porque a Ordem dos Pregadores tinha voto de castidade e pobreza, ou seja, os que faziam parte da Ordem abriam mão de todas as riquezas materiais que possuíam para viver uma vida santificada, e isso soava vergonhoso pra coitada da veia. Tomás de Aquino se viu numa situação extremamente difícil por causa dos familiares. Há uma história de que, certa vez, sua mãe o trancou num quarto do castelo da família com uma profissional do sexo para fazê-lo desistir da castidade e da Ordem. Contudo, com muita fé, ele rezou e resistiu às investidas por uma noite, até ameaçando a coitada da moça com ferro à brasa caso ela tentasse se jogar para cima dele.

Após esse drama medieval, a mãe caiu na real e planejou uma fuga pro filho. Ela achava menos vergonhoso contar pros vizinhos que o menino tinha se rebelado e fugido do castelo do que dizer que ele ia ingressar na Ordem dominicana. Após isso, Tomás de Aquino se entregou de corpo e alma para sua missão sagrada.

Mesmo no meio dos religiosos, as coisas não eram fáceis pra ele. Certo dia, os discípulos de Tomás de Aquino decidiram tirar uma com a cara dele, e foram correndo lhe contar uma notícia extraordinária.

"Mestre, Mestre, corre, tem um boi voando ali!"

Tomás de Aquino ficou surpreso, largou escritos e canetas e foi conferir com seus próprios olhos, enquanto seus discípulos começavam a dar uma risadinha debochada. Chegando ao pátio não havia nenhum boi, muito menos voando. Os discípulos viraram para ele e falaram: "Mestre, por tanta sabedoria que tens, por que acreditou que haveria um boi voando?".

E ele respondeu: "Prefiro acreditar em um boi que possa voar a crer em religiosos que possam mentir".

Finíssimo.

E por que Tomás de Aquino se destacou na história e na filosofia e se tornou um marco com suas ideias? O que levou esse menor, que abriu mão do dinheiro e dos prazeres da vida, a ser consagrado – e não apenas pela Igreja – como um dos maiores pensadores da história?

Sua ambição de provar a existência de Deus racionalmente!

Como um entusiasta e, de certa forma, herdeiro intelectual de Aristóteles, Tomás de Aquino apreciava a racionalidade vista enquanto realidade, ao contrário de Platão e seu idealismo. Buscava pensar e racionalizar Deus de tal forma que até os céticos (que eram raros em seu tempo) pudessem enxergar, de forma racional, a existência suprema. Tanto ele buscou que, em seu livro *Suma Teológica*, afirmou que a ciência (que ele chama de *ciências filosóficas*) caminhava lado a lado com a teologia (que ele chama de *ciência divina*). As ciências filosóficas são as coisas que o homem consegue concluir somente com sua razão, enquanto a ciência divina vem de uma revelação de Deus. E essa revelação ganhou o nome de *doutrina sagrada*.

> Mas também naquilo que de Deus pode ser investigado pela razão humana, foi necessário ser o homem instruído pela revelação divina. Porque a verdade sobre Deus, exarada pela razão, chegaria aos homens por meio de poucos, depois de longo tempo e de mistura com muitos erros. [...] Donde foi necessária uma doutrina sagrada e revelada, além das filosóficas, racionalmente adquiridas.[9]

---

9. AQUINO, Tomás de. *Suma Teológica*. Tradução de Alexandre Correia. Ed. eletrônica, 1981, 1ª parte, questão 1, artigo 1, solução.

Com base nesse pensamento, Tomás apresentou cinco vias para provar a existência de Deus.[10] Sua argumentação é baseada na metafísica aristotélica, ligando os argumentos criados na Grécia a um contexto cristão. Vejamos como isso se desenrola.

1. VIA DO MOVIMENTO

Tudo no universo se movimenta. Coisas se movimentando podem gerar outras coisas que também vão se movimentar, fazendo com que tudo esteja em constante movimento – desde átomos compostos por prótons e elétrons até planetas orbitando em volta de suas estrelas.

Mas quem deu o play? Quem originou outros movimentos, sem ser movimentado por nada? Deus!

Segundo Tomás de Aquino, Deus não foi movido por nada. Ninguém movimenta Deus a não ser ele mesmo. E, quando se movimentou, Deus gerou o movimento de tudo. Ele é chamado, por Tomás, de "o motor imóvel".

2. VIA DA CAUSA EFICIENTE

A segunda via é uma lógica de causa e efeito. Tomás diz: "Nem é possível que uma coisa seja causa eficiente de si própria, pois seria anterior a si mesma; o que não pode ser".[11]

Pense assim: você foi causado pela união de seus pais; seus pais foram causados pela união de seus avós; seus avós, dos seus bisavós; e assim sucessivamente. Quem foi a primeira causa da vida, do planeta, de tudo?

Deus é a primeira causa que trouxe a existência, o universo, o planeta, a vida, tudo, mas ninguém causou Deus. Ele é sua própria causa.

---

10. AQUINO (1981), 1ª parte, questão 2, artigo 3, solução.
11. AQUINO (1981), 1ª parte, questão 2, artigo 3, solução.

3. VIA DO CONTINGENTE E DO NECESSÁRIO

Na filosofia, "contingente" significa algo que tem a possibilidade de ocorrer ou não. Você é um ser contingente, nós somos seres contingentes, todo mundo é contingente. Por quê? Simples. E se não fôssemos o espermatozoide mais rápido da corrida? E se os nossos pais nunca tivessem se conhecido? E se sua mãe não tivesse ouvido o primeiro "Oi" que seu pai deu pra ela? Todas essas possibilidades de não existir tornam nossa existência contingencial.

Deus, por outro lado, é um ser necessário. Isso porque, para Tomás de Aquino, se você retroceder até o começo de tudo, chegará a um "nada", mas o nada não pode gerar algo. Pensando dessa forma, no começo de tudo era necessário que "algo" existisse para que outros "algos" passassem a existir. Deus, então, é um ser necessário para que os seres contingentes existam de fato.

4. VIA DOS GRAUS DAS COISAS

Tudo possui um referencial, e, para Tomás de Aquino, as coisas são "mais" ou "menos" em relação ao referencial. Ele diz, por exemplo, que o fogo é o máximo, a referência do calor, e assim as outras coisas são mais quentes ou menos quentes em relação a ele. Com isso, o filósofo conclui: "Logo, há um ser, causa do ser, e da bondade, e de qualquer perfeição em tudo quanto existe, e chama-se Deus".[12]

5. VIA DO GOVERNO DAS COISAS

Como todo bom aristotélico, Tomás de Aquino entende que tudo tende à ordem e todas as coisas são como são por serem organizadas pelo equilíbrio. Se pensarmos a partir dessa perspectiva, podemos concluir que alguém teve de botar ordem na casa. Tomás de Aquino argumenta que Deus deu ordem a tudo, ele é o regente do governo supremo que ordena tudo e

---

12. AQUINO (1981), 1ª parte, questão 2, artigo 3, solução.

encaminha tudo para o bem, o bom, o belo (dizem até que Deus escreve certo por linhas tortas, não é?).

No fim, Tomás de Aquino era um maninho gente fina. Por mais recluso que parecesse, ele deveria trocar uma ideia muito pra frente. O menor era uma pessoa muito corajosa, pois pegou teorias de pensadores antigos (e ditos pagãos) e implantou essa brisa na teologia cristã em uma época em que a censura da razão era comum.

Ele faleceu em 7 de março de 1274, por complicações de saúde. Deixou um legado de mais de 60 livros.

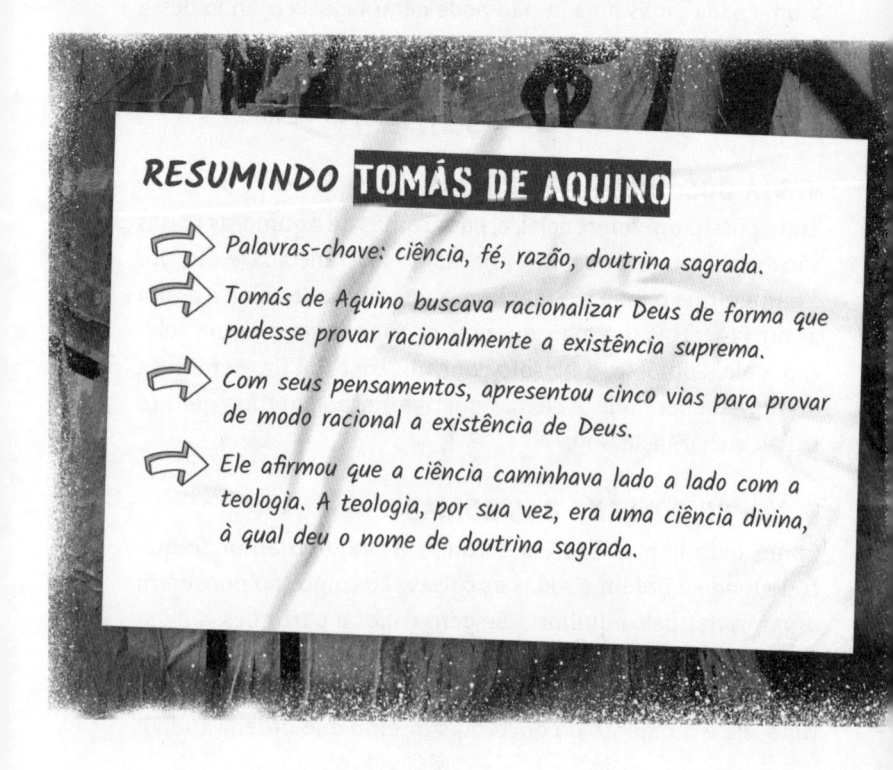

RESUMINDO TOMÁS DE AQUINO

⇨ Palavras-chave: ciência, fé, razão, doutrina sagrada.

⇨ Tomás de Aquino buscava racionalizar Deus de forma que pudesse provar racionalmente a existência suprema.

⇨ Com seus pensamentos, apresentou cinco vias para provar de modo racional a existência de Deus.

⇨ Ele afirmou que a ciência caminhava lado a lado com a teologia. A teologia, por sua vez, era uma ciência divina, à qual deu o nome de doutrina sagrada.

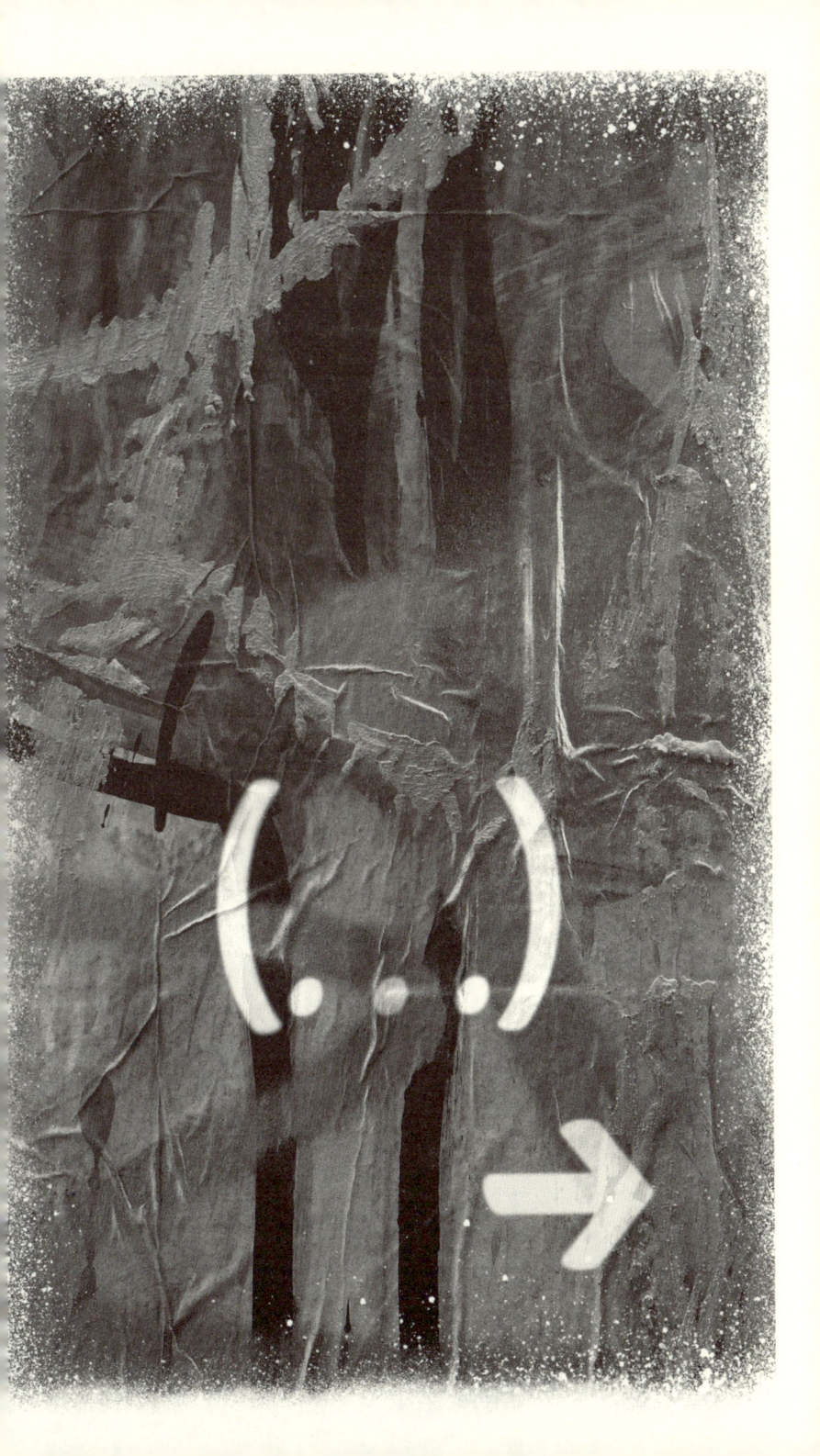

(...) →

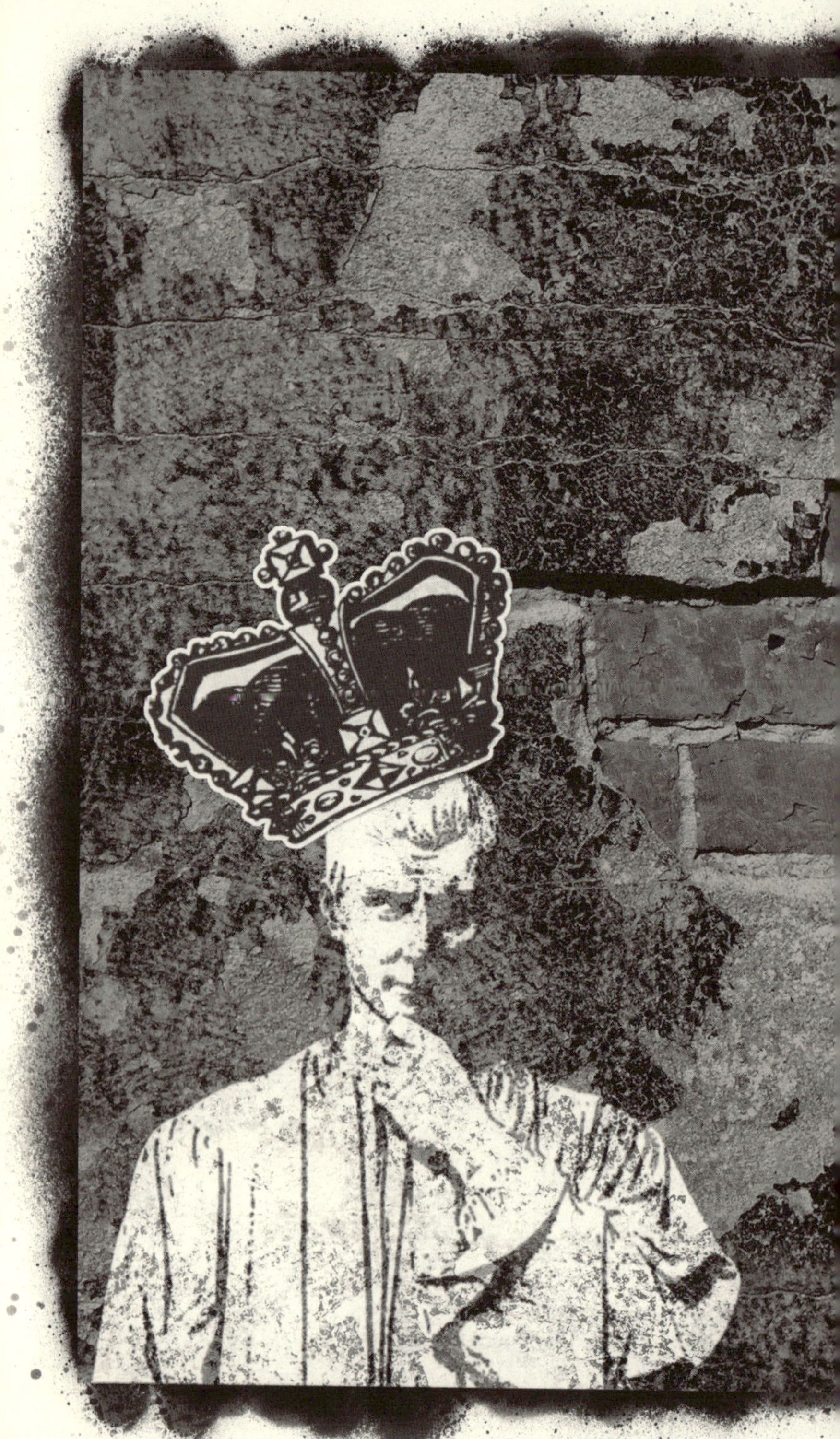

PARTE 5
DE VOLTA ÀS ORIGENS

Pouco tempo depois da morte de Tomás de Aquino, a Igreja foi perdendo o poder, de dentro pra fora, com umas tretas que rolavam internamente. Grandes descobertas, como a bússola e a pólvora, começaram a estimular o pessoal a sair do cercadinho da Europa, e aí o conhecimento não tava mais no mando da Igreja.[1] O mundo inteiro estava aí pra quem quisesse descobrir e aprender!

As pessoas, de fato, começaram a procurar novas formas de ver e entender o mundo que não fosse pelas explicações da Igreja. Então fizeram mais ou menos a mesma viagem dos filósofos naturais no começo dessa brisa toda, quando questionaram os mitos. Mas a pegada era mais socrática: o que estava de volta ao centro não era a natureza, mas o ser humano. E assim renasceram a cultura e a arte da Antiguidade nessa época que ficou conhecida como – já sacou? – Renascimento.

---

1. GAARDER, Jostein. *O mundo de Sofia*: romance da história da filosofia. Tradução de João Azenha Jr. São Paulo: Companhia das Letras, 1995, p. 217.

O berço do Renascimento foi a Itália, mas não pensem que ele ficou só lá, não: ele se expandiu por toda a Europa. Seu mote era "De volta aos princípios", e os princípios, para os renascentistas, eram o humanismo da Antiguidade. Assim, pra tudo quanto era lado tinha mano aprendendo grego e fazendo estátua e pintura e poesia e música, como se a Europa inteira tivesse virado um campus universitário.

O Renascimento inteiro foi um tempo de muita renovação cultural e científica, e o ser humano ocupava cada vez mais o centro da história e do pensamento. Com isso, a organização social, ou seja, *política*, começou a ser pensada fora das receitinhas da Igreja e levando mais em consideração o que o ser humano quer. Igreja e Estado começaram a se divorciar – pelo menos na teoria política –, ou melhor, começaram a rever as condições do casamento.

5.1

MAQUIAVEL,
no tabuleiro de WAR

Nicolau Maquiavel. Para os desconhecidos, Maquiavel; para os íntimos, Maqui. Esse italianinho, nascido na cidade de Florença, sob o signo de touro (ele nasceu em 3 de maio de 1469) foi um filósofo que deixou sua marca principalmente na filosofia política. Mas ele era multifuncional que nem os outros maninhos: entendia também de música, poesia e diplomacia.

Maqui teve uma infância até que tranquila. Ele tinha mais três irmãos, e seu pai era servidor público e tesoureiro. Mesmo assim, sua família não era das mais ricas, não. O que realmente influenciou Maqui foi ter nascido em Florença, o berço do movimento renascentista. Tudo de top nas artes, na ciência e na filosofia tava rolando em Florença naquela época. Assim, aos 7 anos, quando ainda era um pirralho, Maqui começou a estudar latim, migrando em seguida para o estudo da língua grega. Foi assim que conheceu os veinhos gregos.

Já aos 24 anos, Maqui conseguiu a proeza de ter dois empregos, um como secretário da República de Florença e outro como copista, ou seja, o mano era workaholic desde cedo. A mulher dele poderia falar que nem a Rochelle de *Todo mundo odeia o Chris*: "Eu não preciso disso, meu marido tem DOIS empregos!". No caso, a esposa dele não se chamava Rochelle, mas Marietta di Luigi. Ô, Marietta, Marietta, mulher guerreira que conquistou o frio coração do Maquiavélico e ainda teve seis filhos com ele. Eita, mulher zika!

Apesar de todo o trampo, o início da época de ouro desse camarada foi aos 29 anos, quando ele se tornou secretário da segunda chancelaria – a chancelaria, entre outras coisas, era encarregada da administração da justiça e da chefia dos conselheiros do rei. Nosso amigo Maqui ficou lá por catorze anos e realizou algumas missões diplomáticas.

A missão de 1502, um ano após seu casamento, foi a mais importante da sua vida. Nela, Maquiavel conheceu César Bórgia, um dos caras mais cruéis da história – e que, ironicamente, era filho do papa.[2] Pra você ter ideia do nível de crueldade desse maluco, contam que, certa vez, espalharam uma fofoca sobre ele e ele ficou dodói com isso. Então mandou que arrancassem a língua do fofoqueiro e cortassem sua mão direita. A mão decepada ficou pendurada na janela de uma igreja, com a língua amarrada no dedo mindinho.[3]

Bom, esse cara gente fina (só que não) começou a marchar na direção de Florença. O governo da cidade mandou um suborno pra ele, o que deixou o camarada distraído durante um ano, invadindo outras cidades. Mas, em 1502, ele estava de volta, e Florença estava sem grana. O governo, se cagando de medo, tentou evitar uma catástrofe usando a diplomacia. Como porta-vozes, escolheram Francesco Soderini, um clérigo da cidade, e o mais jovem e brilhante diplomata da cidade, Maquiavel.[4]

Mas o camarada Bórgia sabia causar uma primeira impressão. Era tipo chefão de videogame. Quando a dupla Maqui & Soderini chegou a Urbino, a última cidade que Bórgia havia conquistado, foram levados ao palácio onde o ~~capeta~~ filho do papa esperava pelos dois. Bórgia estava sentado numa sala

---

2. Mas papa tem filho? Então, esse negócio de o papa e todo o pessoal da Igreja católica não se casar era um assunto que ia e vinha, e alguns se casavam, outros não. Enfim, só ficou decidido mesmo que o papa e todo o resto do clero católico deveriam ser celibatários (não se casar) no Concílio de Trento (1545-1563).
3. ISAACSON, Walter. *Leonardo da Vinci*. Tradução de André Czarnobai. Rio de Janeiro: Intrínseca, 2018, p. 362.
4. ISAACSON (2018), pp. 363-364.

toda escura, iluminado só por uma vela, com o rosto barbado coberto de marcas.[5]

Mas só podemos dizer que Maqui ficou tão impressionado com o Bórgia que o monstro de barba e cicatriz acabou se tornando seu muso para escrever *O príncipe*.

Obras como essa de Maquiavel eram comuns na Idade Média e no Renascimento. Eram manuais sobre o poder, sobre como os príncipes deveriam agir.[6] No caso de Maqui, ele queria falar da necessidade de haver um governante que fosse forte o bastante pra conduzir um Estado, como era seu desejo. É daí que vem a noção maquiavélica de que os fins deveriam justificar os meios.[7]

O livro, então, é mais pro parça que acorda um dia e decide ser príncipe do que pro filhinho de papai que vai herdar um país inteiro quando o velho se for. Pro Maqui, o príncipe poderia ser qualquer um, desde que tivesse capacidade e força pra governar. Por isso, ele traz muitos exemplos de príncipes que, na visão dele, deram certo, e analisa o que essas pessoas fizeram.

Pega essa visão: imagina que estamos jogando WAR e você invadiu meu país. Mas o país não é só um desenho no mapa: tem pessoas morando lá. Te vem na cabeça a questão: como fazer para governar esse país, que antes já tinha suas próprias leis, seu povo etc.? *O príncipe* te dá três opções:

1. Você mata todo mundo e destrói tudo.
2. Você vai morar lá e leva contigo uma parte da população dos seus outros países.
3. Você deixa todo mundo viver como antes, mas agora recolhe impostos e fortalece seu poder no local.

---

5. ISAACSON (2018), p. 364.
6. CORTINA, Arnaldo. *O príncipe de Maquiavel e seus leitores*: uma investigação sobre o processo de leitura. São Paulo: UNESP, 2000, p. 133.
7. CORTINA (2000), p. 55.

Mas meio que ele deixa uma forte ênfase no "Se eu fosse você, matava todo mundo pra evitar B.O. depois". Seguindo essas estratégias, você consegue dominar um novo principado.

Para Maqui, o processo de conquista de principados novos depende basicamente de duas coisas: a fortuna e a virtude.

> Portanto afirmo que, nos principados inteiramente novos, onde há um novo príncipe, a dificuldade em mantê-los varia segundo a maior ou menor virtude de quem os conquista. E, posto que a passagem de homem privado a príncipe pressupõe virtude ou fortuna, parece que um ou outro desses atributos pode mitigar, em parte, muitas dificuldades.[8]

O que significam essas coisas pra ele?

A *fortuna* é, na verdade, o acaso, a sorte. Pensando no WAR, quem faz o papel da fortuna é o dado. Você nunca sabe quanto vai tirar, e pode ser que você perca o jogo inteiro só por causa do dado, mesmo sendo um bom estrategista.

Mas, claro, ter sorte não é tudo. Por isso é preciso ter virtude. E virtude, em resumo, era a capacidade necessária e fundamental de manter o controle dos súditos e do reino, independentemente de questões de bem ou mal.[9] Ou seja, não era virtude no sentido aristotélico nem no sentido cristão, mas no sentido de possuir "as qualidades necessárias à perpetuação de seu Estado e poder".[10]

Pro Maqui, ter virtude era mais importante que ter sorte: "Aquele que menos se baseou na fortuna se manteve por mais tempo". E ele dá o exemplo de dois caras em seu livro *O príncipe*, um que se baseou na virtude (Francesco Sforza, mano

---

8. MAQUIAVEL, Nicolau. *O príncipe*. Tradução de Maurício Santana Dias. Ed. eletrônica. São Paulo: Companhia das Letras, 2010, cap. VI, "De principatibus novis qui armis propriis et virtute acquiruntur".
9. GRAFTON, Anthony. "Introdução". In: MAQUIAVEL (2010).
10. GRAFTON, Anthony. "Introdução". In: MAQUIAVEL (2010).

"sforzado"), e outro que ganhou o poder do papai (nosso já conhecido César Bórgia):

> Francesco, pelos devidos meios e com o concurso de sua grande virtude, de homem comum tornou-se duque de Milão – e aquilo que, com mil aflições, conseguiu conquistar, com pouco esforço manteve. Por outro lado, César Bórgia, mais conhecido como duque Valentino, conquistou o poder graças à fortuna do pai e com ela mesma o perdeu.[11]

Aliás, um conselho valioso que *O príncipe* traz é: não confie em quem conseguiu tudo facilmente, pois é difícil que essa pessoa saiba como manter tudo o que conquistou.

Maqui mesmo nunca tentou ser príncipe. E, na Florença dele, parece que quem governava era a fortuna. Em 1512, ele perdeu seu emprego de secretário porque outra família tomou o poder (normal na época), os Médicis. Ele foi acusado de ser contra os Médicis (o que não é mentira) e teve que fugir. Foi pego, preso e torturado, e, por "fortuna", não foi morto. Tudo só melhorou quando outro Médici, o João, virou o papa Leão X, em 1513, e fez com que Maquiavel e outros suspeitos fossem perdoados e soltos. Você disse amém?

Maquiavel morreu de apendicite em junho de 1527. Ao longo da vida, ele conseguiu publicar diversas obras, dentre elas *O príncipe*, sobre a qual falamos aqui, além de conseguir cargo público como historiador.

---

[11]. MAQUIAVEL (2010), cap. VII, "De principatibus novis qui alienis armis et fortuna acquiruntu".

RESUMINDO MAQUIAVEL

⇨ Palavras-chave: governo, fortuna, virtude, poder.

⇨ As maiores contribuições de Maquiavel foram na área da filosofia política.

⇨ Para ele, qualquer um que possuísse capacidade e força para governar poderia ser um príncipe, ou seja, o bom governante não é mais o cara que tem bom senso ou coisa do tipo, mas o cara que consegue usar os meios necessários para manter o poder.

⇨ A conquista de principados novos depende basicamente de fortuna e virtude (mas, para ele, a virtude tinha maior valor).

* A fortuna é o acaso, a sorte.
* As virtudes são as qualidades necessárias à perpetuação de seu Estado e poder.
* Não é mais a boa moral que garante o bom governo, como nos antigos, mas a eficiência das suas escolhas.

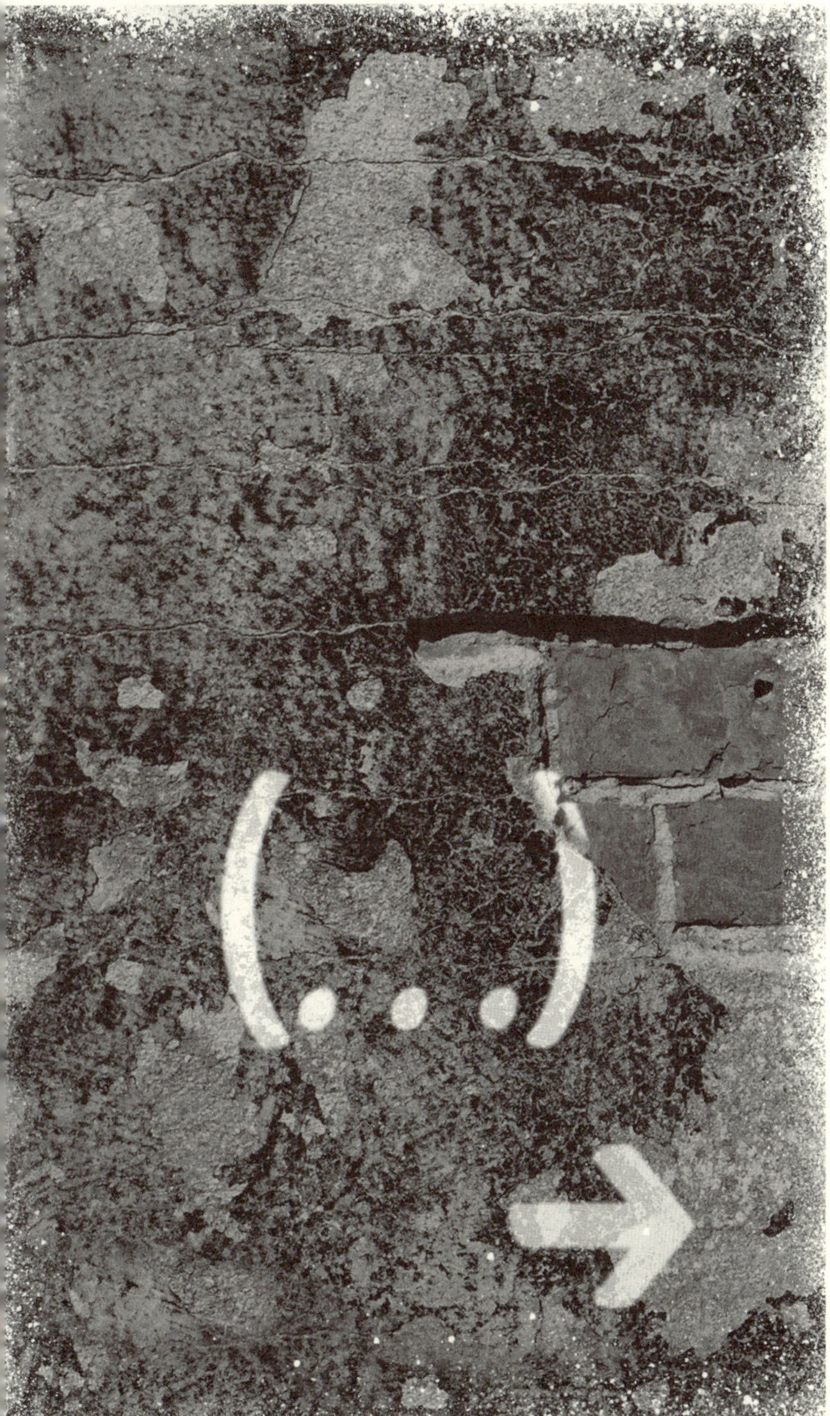

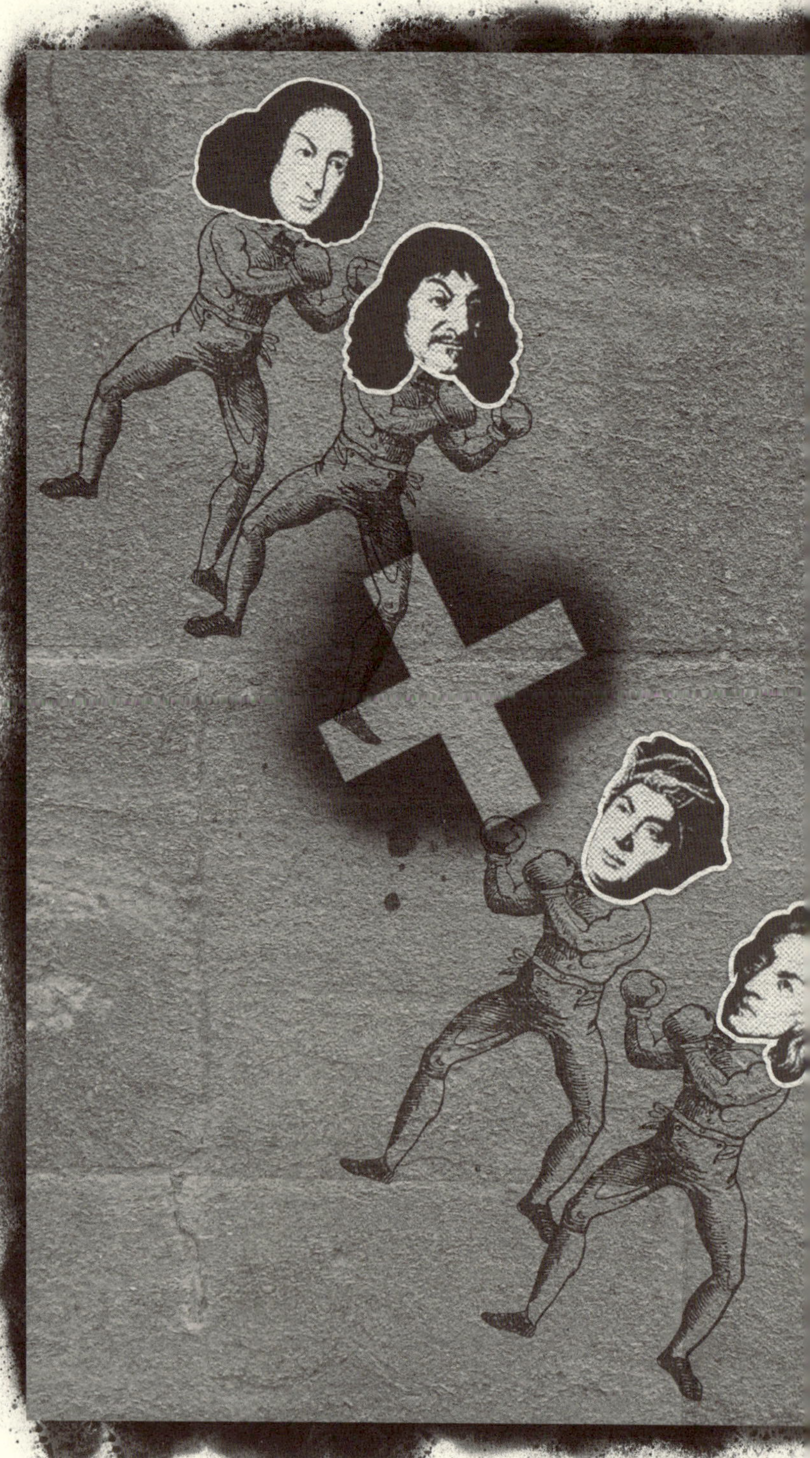

PARTE 6

A MAIOR TRETA FILOSÓFICA

RACIONALISTAS VS. EMPIRISTAS

O período era Iluminista, mas nada a ver com os *illuminati*. Ele cobriu os séculos 17 e 18, e foi de extrema importância para as ciências humanas (incluindo a filosofia) e da natureza, já que as pessoas começaram a ser ainda mais "iluminadas" pelo conhecimento. O que já era hora, não é mesmo?

Na época, surgiram duas vertentes filosóficas: o empirismo e o racionalismo, que não se davam muito bem porque, de certa forma, respondiam de forma contrária à pergunta filosófica "De onde vem o conhecimento humano?".

O empirismo dizia que o conhecimento vem da experiência. É tipo aquela frase "Tem que ver para crer". A experiência grava as ideias no nosso "HD interno" e, depois, a razão vai lincar essas e formar todos os nossos pensamentos. Por isso, David Hume dirá que a razão é o hábito, ou seja, esse tipo de mania que adquirimos de associar ideias.[1]

---

1. CHAUÍ, Marilena. *Convite à filosofia*. Ed. eletrônica. São Paulo: Ática, 2000.

Já o racionalismo consiste em ir além dos cinco sentidos e duvidar até do que você está vendo. Por exemplo, aposto que vocês conhecem aquela pessoa dramalhona que diz que sofre um monte, e que faz um teatro tão bom que a única coisa que você pensa é *quem não te conhece que te compre*, e, por isso, por mais que aparentemente a pessoa sofra horrores, você duvida muito de que seja verdade.

As duas correntes têm seus prós e contras e foram extremamente importantes para o avanço da *epistemologia*, uma parte da filosofia que estuda os princípios e métodos do conhecimento humano.

6.1
DESCARTES,
o chapeleiro maluco

René Descartes: o cara que não teve suas filosofias descartadas pela sociedade. Nascido no dia 31 de março de 1596, em Haye, na França, foi um filósofo racionalista e matemático que deu início ao que chamamos de "filosofia moderna". Aliás, foi ele quem criou a frase "Penso, logo ~~desisto~~ existo".

Quando Descartes ainda era bebê, ficou órfão de mãe. Foi criado por seu pai, que na época era funcionário público, e uma ama (mulher que cuida da casa/babá; em suma, a empreguete da época). Mas seu papito tinha grana e bancou uma educação de elite pro filhinho, que entrou no colégio chique Royal Henry-Le-Grand. Era um colégio jesuíta com influência aristotélica e escolástica. Devemos dizer que, na época, Descartes não se contentava com o método escolástico de ensino, que era um verdadeiro porre, além de ter sido um baita roba-brisa.

Mas o colégio ajudou Descartes a crescer pensativo – ele ingressou aos 19 anos no curso de Direito na Universidade de Poitiers, formando-se aos 22 anos. Entretanto, não chegou a exercer a profissão de advogado ou coisa parecida. Em vez disso, resolveu ir para o exército do príncipe Maurício de Nassau, na Holanda, e só depois percebeu que tinha entrado numa baita furada, porque a carreira de militar não era para ele. Mas nem tudo foi ruim: na época ele fez amizade com um carinha holandês, o matemático Isaac Beeckman.

Por volta de 1633, ele terminou seu maior tratado, chamado *O mundo*, em que falava sobre física e algumas brisas sobre o corpo humano. Mas, quando soube que a Igreja tinha condenado Galileu Galilei por defender a tese heliocêntrica, ele guardou o bagulho de volta na gaveta (e o material só foi publicado depois da sua morte).

Em 1637, Descartes começou a unificar a filosofia e a matemática em busca de uma "razão verdadeira", o que resultou em sua obra *O discurso do método*. Na onda de Sócrates e Agostinho, Descartes propõe um método para resolver problemas filosóficos –, que ficou conhecido como *método cartesiano*. Como o veinho grego e o coroinha, Descartes, teoricamente, também usaria a razão como ponto de partida para chegar ao verdadeiro conhecimento. E ele propôs quatro passos:

1. Não considere nada como verdadeiro. Tipo, trate tudo o que você sabe sobre o mundo como uma fofoca. Ele partiu desse pressuposto porque desconfiava pra caramba de todo conhecimento que tinha sido produzido pela Idade Média.[2] Só dá pra confiar numa ideia depois que tivermos prova de que ela é verdadeira. E como fazer isso?
2. Pegue a sua ideia e divida-a em "tantas parcelas quantas possíveis e necessárias para melhor resolver suas dificuldades".[3] A sugestão é: se encontrar algum problema com sua ideia e não souber como resolvê-lo, vá por partes.
3. Em terceiro lugar, ordene seus pensamentos por grau de dificuldade, "começando pelos objetos mais simples e mais fáceis de conhecer, para subir, pouco a pouco, como por degraus, até o conhecimento dos mais

---

2. GAARDER, Jostein. *O mundo de Sofia*: romance da história da filosofia. Tradução de João Azenha Jr. São Paulo: Companhia das Letras, 1995, p. 252.
3. DESCARTES, René. *Discurso do método*. Tradução de Bento Prado Júnior. Coleção Os Pensadores. São Paulo: Abril Cultural, 1983.

compostos". Em vez de já jogar no nível Hard, comece pelo mais fácil.

4. Pra terminar, faça "enumerações tão completas e revisões tão gerais" quanto possível para ter certeza de que não se esqueceu de nada.

Mas peraí. Se a primeira regra de Descartes é "Não considere nada como verdadeiro", como você pode ter certeza de que o que concluiu é verdade? Ou, nas palavras dele, como saber se estamos dormindo ou acordados?

> Quando penso com cuidado no assunto, não encontro uma única característica capaz de marcar a diferença entre o estado acordado e o sonho. [...] Tanto eles se parecem que fico completamente perplexo e não sei se estou sonhando nesse momento.[4]

Minha nossa, Descartes faria um ótimo papel de chapeleiro maluco!

Mas ele entendeu que duvidar de tudo – até de seu próprio estado de consciência – não era ruim. Se ele duvidava, era porque estava pensando. E se pensava, ele era um ser pensante.

> Mesmo que esteja errado sobre todo o resto, Descartes não pode duvidar de que ele está ali, naquele momento, para pensar o pensamento de que pode estar enganado. O demônio "jamais me convencerá de que sou nada desde que eu pense que sou algo. [...] Eu sou, eu existo é necessariamente verdade sempre que eu o afirmar ou conceber isso em minha mente".[5]

Assim, Descartes chegou à frase "Penso, logo existo". Não podemos dizer que não existe: como é que poderíamos pensar

---

4. GAARDER (1995), p. 256.
5. DUPRÉ, Ben. 50 ideias de filosofia que você precisa conhecer. Tradução de Rosemarie Ziegelmaier. São Paulo: Planeta, 2015, p. 21.

em algo que não existe? No momento em que se pensa, pronto, existe. Aquilo foi criado por você, mas isso não quer dizer que existe na REALIDADE FÍSICA, e sim na sua mente. É o princípio da criação, para estar na realidade física, primeiro é necessário que ela seja criada em nossa mente e, ainda assim, não podemos generalizar.

Imagine, por exemplo, quando você era criança e acreditava na fada dos dentes. Seus pais queriam que você acreditasse por ser parte da infância, algo que estimula a mente da criança. Aí você, já com seus 9 anos, recebe deles a informação de que a fada do dente *não existe*. Aí fica em choque e pensa: *Então tudo que eu vivi foi uma ilusão?* Na real, não foi uma ilusão. Ou seja, a fada do dente realmente existe, mas não no mundo material. Ela existe no campo mental: tem corpo, pele e até mesmo o cheirinho de pasta de dentes sabor *tutti frutti*. Ela existe porque sua mente deu uma forma à fada do dente e criou, assim, uma nova existência, mas também está no mundo material, embora de forma diferente. Se você pedir para crianças desenharem uma fada do dente, elas farão da forma que imaginam que são. Mas o mais importante nisso tudo é perceber que as ideias, os pensamentos e as brisas têm em comum a sua ação de pensar: o fato de você pensar é o que dá as condições de existência de todas as outras.

Para Descartes, existe uma relação entre o pensamento e a existência. Quanto mais evidente uma coisa é no pensamento de alguém, mais é certo que ela de fato exista.[6] Pra ilustrar isso, podemos pensar naquelas pessoas que sonham alto e batalham pelo que querem. Acho que todos conhecem alguém assim. Essas pessoas, por mais que no momento não possuam o que querem, conseguem enxergar um futuro em que alcançarão o desejo. Nisso há uma relação entre o pensamento e a existência, pois esse desejo é o que faz a pessoa se sentir "alguém" nesse universo, ou seja, faz com que ela sinta

---

6. GAARDER (1995), p. 258.

que está "existindo". Além do mais, na maioria das vezes, são os desejos que nos movem e nos fazem sentir pertencentes à realidade.

Por essas e outras, Descartes é considerado o pai da filosofia moderna, um Tales de Mileto ou um Sócrates dos tempos modernos.

Em 1649, aos 53 anos, Descartes mudou-se para Estocolmo, na Suécia, para servir a rainha Cristina como conselheiro e instrutor pessoal.

Ele só faleceu em 1650 ao contrair uma pneumonia enquanto vivenciava um inverno extremamente rigoroso.

RESUMINDO DESCARTES

⇨ Palavras-chave: razão, método cartesiano, conhecimento, pensamento, existência.

⇨ Descartes propôs um método para resolver problemas filosóficos que ficou conhecido como método cartesiano.

⇨ Para ele, a razão é o ponto de partida para chegar ao verdadeiro conhecimento.

⇨ Segundo Descartes, existe uma relação entre o pensamento e a existência.

⇨ Mesmo a dúvida revela pensamento e, consequentemente, uma existência pensante.

6.2
ESPINOSA,
o herege tagarela

Baruch Espinosa, mais conhecido como Espinosa, foi um filósofo holandês racionalista de origem judaica e portuguesa, nascido em 24 de novembro de 1632, em Amsterdã. Seus pais, que eram comerciantes, tiveram que fugir da inquisição portuguesa e, assim, foram morar em Amsterdã. Dizem que seu pai o chamava pelo seu nome em português – Bento –, e é da hora pensar que ele aprendeu suas primeiras palavras na mesma língua que nós.

Desde cedo, Espinosa era um tanto tagarela. Falava abertamente sobre religião com os colegas. Era muito estudioso. Sua paixão por estudos foi tão grande que seu pai não conseguiu arrastá-lo pros negócios da família.

Espinosa lia filósofos como Epicuro, Aristóteles, Platão e Descartes, além da própria Bíblia. Com isso, ele criou uma visão não convencional de Deus, o que não agradou muito aos ouvidos dos religiosos da época, que consideraram suas ideias uma blasfêmia. Mas não foi só a comunidade católica que pistolou para cima de Espinosa, não. Pasme: até os judeus simplesmente odiaram seus pensamentos, a ponto de o punirem, em 1656, com o cherém, a mais alta punição dada pelos judeus, que consiste em expulsar a pessoa da comunidade judaica. Ele foi, tipo, excomungado. Com isso, teve que abandonar a própria família.

Mas vida que segue: ele fez suas malas e foi morar em outro lugar da Holanda, na vila de Rijnsburg, sul do país. Aliás, a casa em que ele morou lá, entre 1661 e 1663, é um museu que funciona até hoje.

Por sorte, Espinosa tinha lá seu trampo como polidor de lentes, o que o ajudou a não cair na miséria. Mesmo sendo inteligente pacas, a ponto de ser convidado para lecionar na Universidade de Heidelberg, o mano recusou a proposta. Ele sabia que ia quebrar as regras da universidade ao expor seus pensamentos, então preferiu continuar seus estudos e sua caminhada filosófica sozinho. E olha só, mesmo seguindo esse caminho, ele ganhou notoriedade e até simpatizantes, para a infelicidade da comunidade judaico-cristã. Pra você ter noção do ódio desses religiosos, um dia, um judeu tentou esfaqueá-lo.

Um dos seus maiores admiradores foi Luís II de Bourbon, um general francês e famoso líder militar aristocrata. Ele se amarrava tanto nas ideias de Espinosa que, em 1673, lhe ofereceu uma pensão, que foi aceita de bom grado e ajudou o filósofo a viver melhor.

O geral da sua filosofia está no *Tratado da correção do intelecto*, um livro que ele não terminou de escrever.

Para Espinosa, só podemos considerar algo bom ou mau depois de verificar qual é a relação da humanidade com esse algo. O mesmo vale pra ideia de perfeito e imperfeito. Nada, segundo a lei da natureza, seria perfeito ou imperfeito, mesmo que muitas coisas venham dessa ideia. Ou seja, é o homem que dá um selinho de qualidade pras coisas. Os objetos, os fatores da natureza, tudo isso apenas existe. Por si sós, eles não são bons nem ruins.

E, para que entendamos mais sobre as leis da natureza – a *perfeição* –, é necessário "purificar" o conhecimento, ou seja, ser menos burro. Assim poderemos entender a vida de forma correta, como ela é, e não como supomos. Para conseguir isso, há alguns macetes:

1. Não ter atitudes desnecessárias que atrasem a caminhada de evolução. Conforme nos adaptamos às circunstâncias e aprendemos a lidar com elas, ficamos cada vez mais prontos para saber as verdades da natureza.
2. Só desfrutar dos prazeres mundanos se estiver saudável. Ou seja, ressaca não se cura com mais álcool.
3. Trabalhar somente para se autossustentar, podendo copiar costumes da sociedade que não sejam contra a finalidade de alcançar a sabedoria.

Com esses macetes para "corrigir o intelecto", notamos que o modo de enxergar as tais leis da natureza depende muito de nossa percepção. Espinosa fala de quatro formas de enxergar:

1. Aquela percepção marota que nos faz entender a coisa da forma convencional, que não é necessariamente a forma correta.
2. A percepção que foi criada com experiências passadas. Nem sempre tem um motivo lógico por trás dela, mas também não existe o suficiente para contradizer essa percepção. É o famoso meme "Irineu, se você não sabe, nem eu".
3. A percepção "uma coisa leva a outra", que é quando uma experiência gera uma percepção e, por meio dela, você consegue entender outras coisas que ocorreram em sua vida. É tipo mãe pistola, que não fala o motivo de estar brava com você, e você só vai entender a razão de ela ter fechado a cara quando fizer alguma coisa parecida com a daquela vez e ela fechar a cara de novo. O resultado é que o motivo de ela ter ficado pistola foi a cagada que você fez e não consertou.
4. A última é a percepção de quando entendemos uma coisa simplesmente por causa de como ela ocorreu.

Saber olhar e perceber as coisas é fundamental para chegar à verdadeira verdade, que é a sabedoria em si. Em primeiro lugar, Espinosa sugere saber olhar pra dentro de você mesmo, ter *autoconhecimento*. Tipo, ficar quieto e ouvir mais. Se alguém, por exemplo, te chamar de teimoso, não responda. Fique quieto e se pergunte: *Sou mesmo teimoso? Será que outras pessoas me acham teimoso também, mas nunca me falaram?*

Além de olhar pra si, também é importante saber reconhecer a *natureza exterior* das coisas. Tipo, se você ouve uma parada, procure saber quem disse isso e o caráter da pessoa. E, no caso de objetos, antes de pôr a mão, examine para ter certeza da natureza da peça.

Tipo, uma vez a vó de um conhecido comprou uma garrafa de groselha. Como você sabe, a gente mistura o xarope de groselha com água ou leite. Mas o nosso amigo não sabia e foi lá tomar ela pura. Diz ele que foi pior que beber cachaça pura. Se ele tivesse examinado o rótulo antes, nada disso teria acontecido. Mas por meio dessa experiência "dolorosa" ele alcançou a verdade. É claro que não precisava chegar a ela por esse meio, mas a situação serviu para ele aprender a examinar antes de tocar em algo ou provar algo.

Resumindo o B.O. todo: pensar antes de agir evitará imprevistos, nos ajudará a crescer mentalmente de maneira saudável, fará com que aprendamos mais sobre as pessoas e o meio em que vivemos e nos levará a alcançar cada vez mais a verdade.

Apesar de muito inteligente, tio Espinosa não tinha uma saúde lá muito boa, e trabalhar polindo lentes provavelmente ajudou a piorar a condição dele. Imagina só você trabalhar sem máscara em um lugar cheio de pó de vidro. Aí, num dia não tão belo, ele pegou tuberculose, doença que resultou em sua morte em 1677, aos 44 anos. Ele foi sepultado no adro da igreja Nieuwe Kerk, na cidade de Haia.

RESUMINDO ESPINOSA

⇨ Palavras-chave: perfeição, percepção, exame.

⇨ Para Espinosa, algo só pode ser considerado bom ou mau depois de se verificar qual é a relação da humanidade com isso.

⇨ Na natureza, as coisas apenas existem; por si sós, não são boas nem ruins.

⇨ Saber olhar e perceber as coisas é fundamental para chegar à verdadeira verdade, que é a sabedoria em si.

6.3

HUME,
o superdotado

O filósofo escocês David Hume nasceu em Edimburgo no dia 7 de maio de 1711, e ficou conhecido principalmente pela sua filosofia voltada ao ceticismo e ao empirismo – a filosofia empírica mais importante até os dias de hoje.

Hume era filhinho de papai e foi considerado um moleque superdotado. Tão superdotado que, aos 11 anos, em vez de empinar pipa, estava na Universidade de Edimburgo estudando latim. Com 15 anos, por pressão dos pais, foi cursar Direito – sempre é bom ter um "adêvogado" na família para apaziguar os barracos, né? Mas Hume Boy não queria fazer Direito, nem errado, queria estudar literatura e filosofia. Aí, ele pensou: *Vou trancar a facul e ser meu próprio professor*. Fácil pra um moleque superdotado que falava latim numa idade em que a galera ainda está lá no verbo *to be* do inglês.

Aos 18 anos ele começou a se sentir mal e reparou que não estava muito bem de saúde. Foi algumas vezes ao médico nos meses seguintes, até que, um dia, numa consulta, falou dos seus sintomas ao clínico, que riu e disse que ele tinha "a doença dos estudiosos". A receita do doutor foi um gole de *bitter* (uma birita amarga) com comprimidos anti-histéricos, meio litro de vinho tinto por dia e um longo passeio a cavalo.[7] A receita

---

7. MOSSNER, Ernest Campbell. *The Life of David Hume*. 2. ed. Oxford: Clarendon Press, 2001, pp. 66-67.

deu certo: ele melhorou, e também percebeu que havia ficado doente de tanto estudar. A partir daí, pegou mais leve.

Logo após esse episódio, Hume seguiu para Bristol, na Inglaterra, para trabalhar no comércio. Ficou pouco tempo no trampo, mudando-se logo em seguida para a França, onde começou a escrever seu livro *Tratado da natureza humana*. Mas foi somente em 1739 que Hume Boy publicou os primeiros volumes do *Tratado*; o terceiro e último saiu no ano seguinte. No início, ele não recebeu críticas favoráveis: na época o pessoal considerou seu livro horrível de se entender. Sem desistir, ele continuou escrevendo. Em 1748, publicou *Investigações sobre o entendimento humano*, que nada mais é do que uma versão do *Tratado* para pessoas normais, e não superdotadas que nem ele. Mas, na moral, dá pra ler, sim, a galera que era preguiçosa.

Em *Investigações*, ele procura analisar como é que se *entende* a natureza humana. Ele divide os filósofos em dois tipos. No primeiro estão os filósofos que seguem a teoria de que o ser humano nasceu para agir. Sob essa perspectiva, somos influenciados pelos sentimentos e pelo ato, atribuindo virtude e valor (positivo ou negativo) às coisas na medida em que nos atraímos ou sentimos repulsa por elas. Por exemplo: a aranha é um ser ruim, pois ela me picou.

Na segunda divisão estão os filósofos que dizem que, como o ser humano é racional, ele formaliza o entendimento sem atribuir valor ao objeto, sem tentar melhorá-lo. Com isso, procuramos as coisas que completam nosso entendimento e mexem com nossos sentimentos. Com base nessas experiências, podemos aprovar ou desaprovar determinada atitude. Por exemplo: a aranha me picou, então ela é perigosa, mas, apesar disso, não deixa de ser importante para o ecossistema, já que se alimenta de insetos que podem ser ainda piores, como o mosquito da dengue.

Essa é a diferença entre o primeiro e o segundo pensamentos. Enquanto o primeiro banaliza a aranha sem querer conhecê-la totalmente, julgando-a ruim, o segundo pensamento racionaliza, impedindo que o sentimento a desqualifique, apesar dos pesares.

Em sua filosofia, Hume ressalta o valor da memória e da percepção. Por meio da memória, diz ele, usamos os cinco sentidos. Aí entra a percepção.

> Todos admitirão prontamente que há uma considerável diferença entre as percepções da mente quando um homem sente a dor de um calor excessivo ou o prazer de uma tepidez moderada, e quando traz mais tarde essa sensação à sua memória, ou a antecipa pela sua imaginação. Essas faculdades podem imitar ou copiar as percepções dos sentidos, mas jamais podem atingir toda a força e vivacidade da experiência original. Tudo o que podemos dizer delas, mesmo quando operam com o máximo vigor, é que representam seu objeto de uma maneira tão vívida que quase podemos dizer que o vemos ou sentimos.[8]

Baseando-se nisso, ele distingue as percepções em dois tipos.

- *Impressões.* São as lembranças/percepções que estão superpresentes dentro de nós. São coisas que nos marcaram e de que conseguimos nos lembrar como se fosse ontem. Tipo aquele churras da laje, que até hoje conseguimos lembrar o sabor da carne, mesmo que tenham se passado dois anos, e, nossa!, bate uma fome quando lembramos, não é?
- *Pensamento ou ideias.* São as lembranças/percepções que não estão muito presentes em nós. Ou seja, adquirimos uma experiência que, no fim, virou percepção, porém ela não é muito marcante. Quando lembramos, chamamos de ideia ou pensamento.

---

8. HUME, David. *Investigações sobre o entendimento humano e sobre os princípios da moral.* Tradução de José Oscar de Almeida Marques. São Paulo: UNESP, 2004, p. 33.

Para Hume Boy, as ideias são conectadas por um princípio que há em nossa natureza: nosso modo de pensar e constituir as ideias. Esse princípio é notado quando a gente ouve uma ideia desconexa que não bate com os fatos que a nossa mente conhece. É tipo quando alguém diz que a Terra é plana, e logo rejeitamos. Para Hume, há três fatores que ligam as ideias: *semelhança*, *contiguidade* e *causalidade*. E ele explica cada fator assim:

> [Semelhança:] um retrato conduz naturalmente nossos pensamentos para o original;
>
> [Contiguidade:] a menção de um cômodo numa habitação leva naturalmente a uma indagação ou observação relativas aos demais;
>
> [Causalidade:] se pensarmos em um ferimento, dificilmente conseguiremos evitar uma reflexão sobre a dor que o acompanha.[9]

"Todos os raciocínios referentes a questões de fato parecem fundar-se na relação de causa e efeito."[10] Ele dá um exemplo: se você viajar a uma ilha deserta e encontrar um relógio enterrado na areia, o que vai concluir? Outro fato: alguém esteve (ou está) nessa mesma ilha.[11] Ou seja, é de nosso hábito traçar uma relação de causa e efeito entre os eventos, mas isso não nos dá a garantia total e absoluta, afinal, esse relógio poderia ter caído de um avião ou mesmo ter sido trazido por um animal selvagem – a gente não pensa assim direto porque existem algumas ideias que já fazem mais sentido pra geral.

E nessa filosofia dos fatos, Hume diz que é pela experiência que a gente descobre a causa e o efeito das coisas. Por exemplo, se você jogar esse livro pra cima, o que vai acontecer? Ele vai

---

9. HUME (2004), p. 42.
10. HUME (2004), p. 54.
11. HUME (2004), p. 55.

continuar subindo ao infinito? Não, ele vai cair no chão. Como você sabe disso, se ainda não jogou o livro pra cima? Porque, pela sua experiência, as coisas tendem a cair no chão. E essas experiências criam um hábito. Mas o escocês era vilão mesmo: nem garantir que o livro cairia todas as vezes nós poderíamos, sempre – para ter 100% de certeza – seria necessário deixar pra experiência comprovar.

Algumas coisas que Hume dizia parecem um pouco óbvias, tipo que certo evento (causa) sempre produzirá um mesmo tipo de resultado (efeito). Porém, como já foi dito, filósofos não pensam em coisas nunca pensadas: eles olham de um jeito diferente para as coisas que já são comuns pra galera, e se perguntam: *Mas por que é assim?*

No final da vida, em 1769, Hume voltou pra sua terra, Edimburgo, onde contraiu uma doença intestinal, vindo a falecer no dia 25 de agosto de 1776.

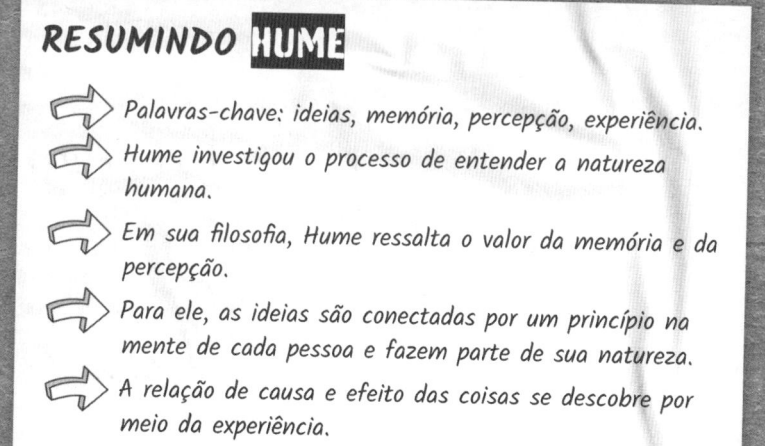

RESUMINDO HUME

- Palavras-chave: *ideias, memória, percepção, experiência.*
- Hume investigou o processo de entender a natureza humana.
- Em sua filosofia, Hume ressalta o valor da memória e da percepção.
- Para ele, as ideias são conectadas por um princípio na mente de cada pessoa e fazem parte de sua natureza.
- A relação de causa e efeito das coisas se descobre por meio da experiência.

6.4

LOCKE,
libera geral

John Locke tem fama de ser o pai do liberalismo. E o que é liberalismo?

Calma, vamos conhecer o maluco primeiro.

João Cadeado, ou seja, John Locke, nasceu em 29 de agosto de 1632, numa vila sem graça chamada Wrington, Inglaterra. Seu pai era advogado, capitão da cavalaria e também cristão, seguidor da doutrina calvinista (ou seja, não era católico, era protestante).

Resumindo, Locke era filho de um burguês.

Aos 14 anos, Locke foi para Westminster, um colégio TOP10 da época, localizado em Londres. Ele ficou no colégio até os 20 anos, quando ingressou na Christ Church, uma das faculdades que constituem a Universidade de Oxford. Lá, Locke conheceu as filosofias dos outros grandes, como Descartes e Francis Bacon. Depois de terminar a faculdade, o maluco quis se aprofundar ainda mais nos conhecimentos e foi fazer mestrado. Gostou tanto de Oxford que acabou ficando lá, dando aulas.

Em 1668, o mano virou um pesquisador de carteirinha, já que entrou pra Academia Científica da Sociedade Real de Londres. Nessa época, começou a estudar medicina, formando-se em 1674. Ele conheceu diversos manos famosos, entre eles Isaac Newton.

Chegando em 1683, logo depois da Revolução Gloriosa, o mano Locke foi acusado de traição pelo rei Carlos II, que, nessas horas, já tava jurando ele de morte, querendo cortar a cabeça do coitado. Com isso, ele resolveu tirar umas "férias" na Holanda, mas o rei o perseguiu até lá, e Locke teve que usar o pseudônimo de dr. Van Der Linden.

Em 1688, o jogo virou para o tirano Carlos II. Guilherme de Orange virou rei e chegou chegando, já colocando o protestantismo em dia no país. Nessa época, a paz de Locke voltou, e só coisas boas aconteceram para ele. Ele virou membro do Parlamento e se tornou ministro do Comércio.

Depois que voltou para a Inglaterra, Locke publicou seu livro *Ensaio acerca do entendimento humano*, em 1689. Nele, o manolo buscou entender a origem das ideias. De início, o que ele quis dizer em seu livro foi o seguinte: "Escuta aqui, nós nascemos com a sensibilidade para entender, para perceber e aprender e, por isso, estamos em vantagem perante os demais seres que vivem nessa Terra. Então vamos estudar e tentar decifrar a nossa mente. Além do mais, até onde vai o conhecimento humano?".

Para alcançar seu objetivo, ele criou um método dividido em três passos:

1. Investigar a origem das ideias e de qualquer coisa que nós, seres humanos, absorvemos em nossa mente.
2. Mostrar (ou tentar mostrar) até onde vai o conhecimento humano.
3. Investigar mais a fundo o conceito da fé e a opinião.

Parece presunçoso da parte dele querer entender tudo isso a fundo, né? Mas parece que ele sabia que era algo presunçoso. Então ele alega querer saber até onde consegue entender esses assuntos. Ou seja: até que ponto podemos ter certeza de algo?

Para Locke, saber até onde somos capazes de chegar nos cura da ociosidade e também do ceticismo, já que nos permite enxergar nosso potencial e compreender como podemos melhorar. Vamos ver alguns de seus fundamentos.

Em primeiro lugar, Locke diz que não existe conhecimento inato, ou seja, ninguém nasce sabendo, como sua mãe já deve ter dito. O próprio ato de ter que buscar conhecimento indica isso. Ele dizia que uma criança "é cera que pode ser formada e moldada como quisermos, é como uma tábula rasa", já que "nada há no entendimento que previamente não tenha estado nos sentidos".[12]

Em segundo lugar, o consentimento geral é o mais importante. Ou seja, nem tudo é decidido com base em votação e, depois, passado para os demais. Mexer com fogo é perigoso, e isso é senso comum. Não é necessário boca a boca, mas também ninguém nasce sabendo. É uma questão de experiência, mas essa experiência é tão simples e clara que já se espera (aqueles que já experimentaram e aprenderam) que quem vier a experimentar essa situação tenha mais ou menos a mesma ideia.

Seu terceiro fundamento é na pegada do "ser ou não ser, eis a questão" de Hamlet, pois não existe muita coisa no mundo que seja de conhecimento e consentimento geral. O que é para alguns não é para outros. Por exemplo: tem gente que come abacate com sal, e em outros lugares se come só com açúcar ou em doces. Se existisse conhecimento realmente inato, só haveria um jeito de comer abacate. Quando alguém chega à conclusão de algo, não foi por causa de um conhecimento inato, mas porque a pessoa usou a razão, permitindo-se conhecer melhor o objeto de estudo. Isso prova que nem tudo é aceito por todos. Logo, fé, moral e justiça também não são compreendidas por todos da mesma forma.

Pense, por exemplo, nas virtudes. Geralmente ser virtuoso é uma coisa positiva. Pense, então, em duas virtudes: sinceridade e racionalidade. São duas coisas que a gente valoriza nos outros e que queremos desenvolver em nós mesmos.

---

12. VÁRNAGY, Tomás. *O pensamento político de John Locke e o surgimento do liberalismo.* 2009. Disponível em: repositorio.ufsc.br/bitstream/handle/praxis/307/John%20Locke.doc?sequence=1. Acesso em: 19 jul. 2021.

Agora, coloque uma pessoa sincera sem papas na língua pra conversar com um cara racional que se acha o dono da verdade e veja onde tanta virtude vai dar. A sinceridade e a racionalidade se tornam uma ofensa para o outro e, assim, deixam de ser virtudes.

Da mesma forma, a lei e as noções de justiça são criadas com base num senso comum, mas não em ideias inatas. O fato de as leis de um lugar coincidirem com as de outros locais não as torna inatas.

Imagina, por exemplo, um fulano que anda calmamente pela rua até que passa alguém em um carro, dá um tiro e o mata. Todos olham horrorizados para a cena. Ninguém quer que isso aconteça consigo. Então criam uma lei segundo a qual matar é crime. Isso poderia ser crime em qualquer lugar do mundo, mas não por ser uma ideia inata. É crime porque todos têm a percepção de que morrer sem motivo, de forma dolorosa, é inaceitável e extremamente indesejável. É um entendimento comum, derivado de uma percepção formada a partir de experiências similares, e também do fato de que, desde crianças, aprendemos o que é a morte e seu significado. Assim, a noção de que matar é crime é uma decisão tomada pela ideia construída de que um grupo de pessoas pensa que matar é errado e prejudicial e que por meio dessa medida pode proteger a vida e poupar o grupo de passar por experiências desagradáveis.

E aí a gente chega à noção de liberalismo. Locke acreditava que o governo é resultado de um trato feito na sociedade, e esse trato visava proteger os princípios que ele acreditava serem os mais comuns a todos: a liberdade individual e o trabalho que produz as coisas. Sem trabalho não tem nada que seja do homem, afinal, precisa da experiência, não é verdade? Locke é o pai do liberalismo porque ele percebe que para organizar o mundaréu de gente que vive por aí seria necessário definir alguns pontos essenciais de proteção, daí a necessidade de um contrato. A sociedade é quem escolhe um grupo de pessoas para proteger a vida, a liberdade e a propriedade de geral, mas, se o governo não cumprir seu papel no acordo, a galera está liberada para retirar sua confiança no governante e se rebelar contra ele.[13]

Essas ideias são só uma prévia do liberalismo, porque o processo mesmo demorou uns séculos para amadurecer. Mas o pensamento básico que levou às brisas liberais foi a luta da burguesia contra a nobreza e a Igreja, querendo ter acesso ao controle político do Estado.[14] E, como bom filho de burguês, Locke pensou nisso e também buscou esse poder pra sua classe.

Locke morreu em 28 de outubro de 1704, com 72 anos nas costas. Os últimos anos da sua vida foram dedicados à produção escrita, pois ele havia deixado o cargo de ministro do Comércio. Ele foi enterrado em Essex, na Inglaterra.

RESUMINDO LOCKE

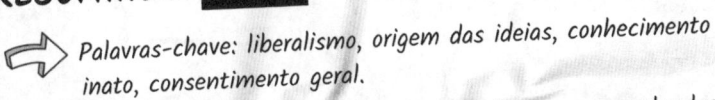

⇨ Palavras-chave: liberalismo, origem das ideias, conhecimento inato, consentimento geral.

⇨ Locke questionava até que ponto se pode ter certeza de algo.

⇨ Para ele, não existe conhecimento inato; o consentimento geral é o mais importante. Porém não existe muita coisa no mundo que seja de consentimento geral.

⇨ A lei e as noções de justiça são criadas com base num senso comum, e não em ideias inatas.

⇨ Para ter ordem entre as pessoas é preciso um contrato que garanta alguns consensos importantes, como a propriedade, a liberdade e a vida.

---

13. VÁRNAGY (2009).
14. VÁRNAGY (2009).

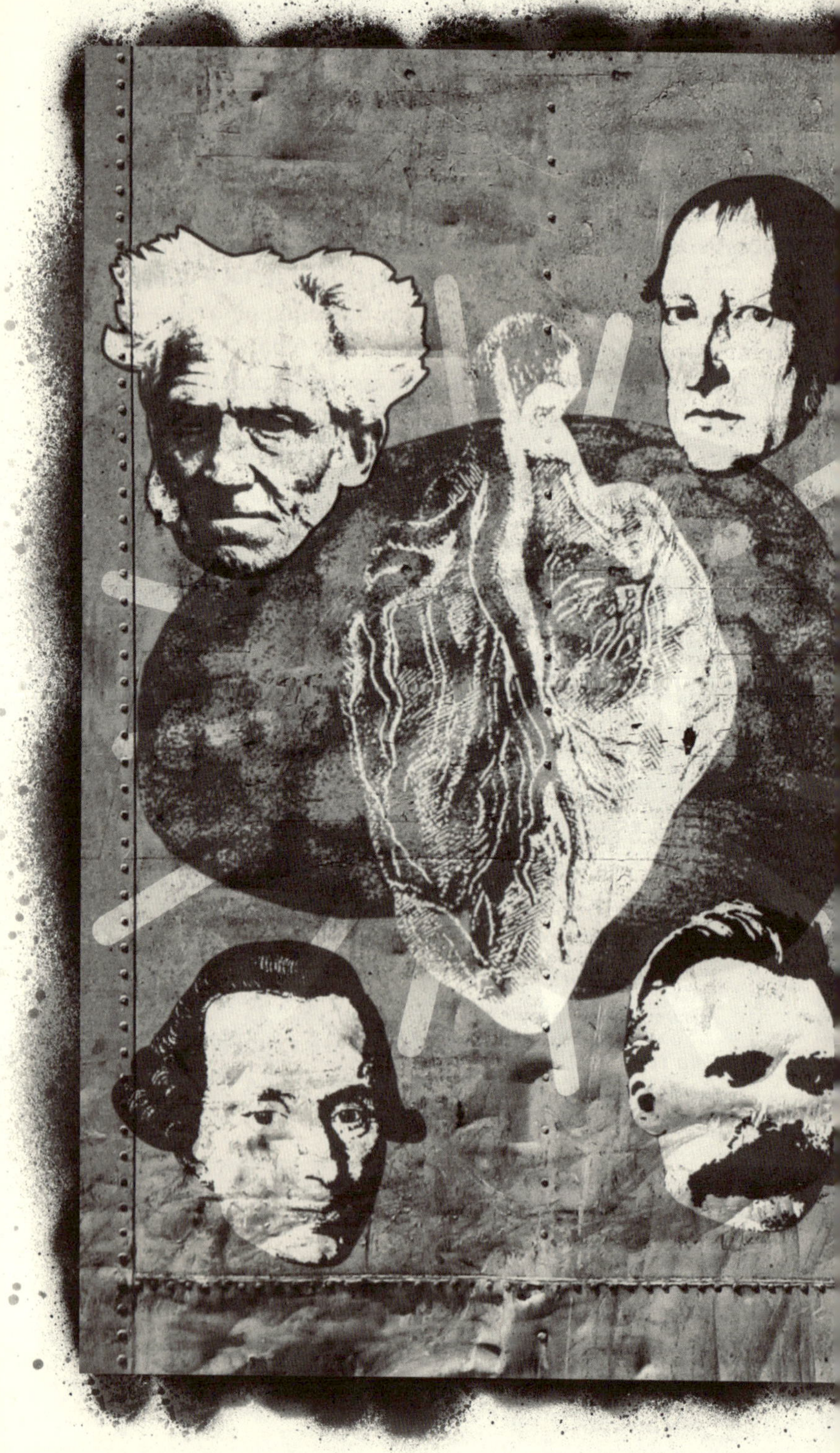

PARTE 7

OS PIONEIROS TRANSCEDENTAIS

O Romantismo começou na Europa lá pelo fim do século 18. Não tem nada a ver com filme água com açúcar (talvez tenha um pouco). Ele começou na Alemanha, terra do Kant, e foi uma reação à ditadura da razão,[1] que era a rainha do Iluminismo.

No lugar da razão, os românticos colocaram palavras tipo "sentimento", "imaginação", "experiência", "angústia".[2] Não é à toa que alguns filósofos românticos parecem ter nascido na década de 1990, com a adolescência/juventude marcada por músicas da Legião Urbana e do Green Day. São os emos dos séculos 18 e 19.

A principal virada do romantismo foi a galera ter passe livre para encontrar a sua interpretação pessoal do que é a vida, a verdade, a religião etc. Ainda não é o pós-modernismo de hoje, mas, como a gente já viu, o trampo básico da filosofia é trazer

---

1. GAARDER, Jostein. *O mundo de Sofia*: romance da história da filosofia. Tradução de João Azenha Jr. São Paulo: Companhia das Letras, 1995, p. 368.
2. GAARDER (1995), p. 368.

novas definições para coisas já conhecidas. E foi
isso que os românticos fizeram. E as perguntas dos
filósofos românticos eram sobre a moralidade: o que
é o certo? O que não é? E ainda: de onde vem essa
moral que estamos vivendo? Isso fez com que muitas
verdades divinas fossem contestadas.

Dessa forma, o Romantismo foi tipo um
Renascimento – parte 2. O ser humano tava de novo
no centro da parada toda, mas agora não é um
ser humano genérico: dessa vez, se presta atenção
na experiência do indivíduo mesmo, e em como essa
experiência individual nos faz conhecer geral. Havia
um grande interesse pelo que ia além do humano,
pelo transcendental.[3]

É fogo no parquinho total: emos apaixonados,
angustiados, questionadores. Isso foi, em poucas
palavras, o Romantismo europeu que você vai
conhecer nas próximas páginas.

---

3. GAARDER (1995), pp. 370-371.

7.1

KANT,
na ética do churrasco

Immanuel Kant nasceu na extinta Prússia Oriental, na cidade de Königsberg, em 22 de abril de 1724, o quarto de nove filhos. Seus pais não eram super-ricos, pois eram artesãos, mas dava pra viver de boas, isso que importa.

Seus pais eram protestantes, tanto que, no início da adolescência, Kant foi mandado para uma escola luterana chamada Collegium Fridericianum. Até os 16 anos, ele viveu de forma um tanto devota ao luteranismo, mantendo, ao mesmo tempo, uma baita mente aberta. Nessa idade, quando se formou, em vez de ficar pegando as minas, ele foi cursar filosofia na Universidade de Königsberg (e provavelmente nunca mais pegou ninguém). Aliás, vale dizer que Kant era introspectivo, porém um cavalheiro disciplinado, não havendo quem não o elogiasse por isso. Ele malemá saía da cidade e nunca pisou fora do país.

Na universidade, ele teve aulas com o brilhante filósofo Martin Knutzen, que também era físico, astrônomo e matemático, o qual o apresentou às teorias de Newton, influenciando seu pensamento.

Até 1746, Kant era sustentado pelos pais. Tudo mudou quando seu pai morreu e ele passou a trabalhar como tutor para diversas famílias burguesas, o que, de fato, o ajudou em sua caminhada e no início de sua independência financeira. Esse trampo só se encerrou quando ele voltou para a faculdade, em 1754, para se doutorar em filosofia, já lançando seus primeiros ensaios em 1755. Após ter completado o doutorado, ele passou a dar aulas na universidade, ocupando a cátedra de Lógica e Metafísica em 1770.

Em 1785, Kant escreveu *Fundamentação da metafísica dos costumes* (eita, nome difícil), em que ele apresenta uma das brisas filosóficas mais instigantes dos últimos trezentos anos: o tal do "imperativo categórico". Parece até nome de laudo médico – "afastado por imperativo categórico" –, mas não é nada disso.

Nas palavras de Kant:

> O imperativo categórico seria aquele que representa uma ação como necessária por si mesma, sem relação com nenhum outro escopo, como objetivamente necessária.[4]

É como se houvesse uma regra, digamos assim, que vale para todo mundo e que todo mundo tem que seguir porque esse é o certo a se fazer. Não importa se vai sair perdendo ou ganhando: você faz o certo pelo certo.

Imagine esta situação: o camarada lá da quebrada chama você pra um churrasco de aniversário. Manda um WhatsApp dizendo: "Cola aí que a galera toda tá vindo, cada um trazendo alguma coisa". Já tá implícita uma ética pra esse churras: todo mundo está ajudando, levando carne ou refri ou carvão. Então você, claro, que tem semancol, vai levar uns quilos de carne, um refri e o truco pro fim da festa. Você está fazendo isso não porque é aniversário do cara nem porque gosta dele, mas porque todo mundo está levando alguma coisa. Esse é o certo a se fazer, o imperativo categórico.

E como definir o que é o certo? Kant lança esta máxima: "Procede apenas segundo aquela máxima, em virtude da

---

4. KANT, Immanuel. *Fundamentação da metafísica dos costumes*. Tradução de Antônio Pinto de Carvalho. Ed. eletrônica. São Paulo: Companhia Editora Nacional, 1964. Disponível em: www.dhnet.org.br/direitos/anthist/marcos/hdh_kant_metafisica_costumes.pdf. Acesso em: 27 jul. 2021.

qual podes querer ao mesmo tempo que ela se torne em lei universal".[5]

Ou seja, pense em como seriam as coisas se seu comportamento fosse a lei pra todos os lugares: se os menor da sua quebrada tivessem que imitar seu exemplo, se as pessoas da sua família fossem agir de acordo com a sua moral.

Mas concorda que tem gente que poderia propor uma ética toda torta e achar que ela deveria valer pra todo mundo? Tipo, voltando ao churrasco do camarada, aparece um mano que é rato: só vai lá filar boia e tomar uma Coca gelada às custas dos outros, e ainda sai falando mal do churras. E se esse tipo de comportamento fosse a lei universal?

Kant resolve esse problema com outra máxima do imperativo categórico:

> Procede de maneira que trates a humanidade, tanto na tua pessoa como na pessoa de todos os outros, sempre ao mesmo tempo como fim, e nunca como puro meio.[6]

O que ele quer dizer?

Que se uma pessoa reconhece o direito que tem de agir segundo o que ela acha certo, então também tem que reconhecer que *os outros* também podem agir segundo o que eles consideram certo. Tratar os outros como meios para conseguir o que se quer não é atitude de vilão; é um comportamento *antiético* – que, para Kant, não deveria existir.[7]

O imperativo categórico é uma das ideias centrais para entender a moralidade segundo Kant, uma moralidade baseada em *dever*. Para ele, se uma pessoa inocente estivesse sendo perseguida por um psicopata e se o psicopata perguntasse a você se sabe onde encontrar tal pessoa, você teria a obrigação de

---

5. KANT (1964).
6. KANT (1964).
7. DUPRÉ, Ben. *50 ideias de filosofia que você precisa conhecer*. Tradução de Rosemarie Ziegelmaier. São Paulo: Planeta, 2015, p. 79.

dizer a verdade (mesmo sabendo que o cara é psicopata e que a pessoa inocente pode morrer). Em resumo: todo mundo deve fazer o certo e danem-se as consequências! Essa situação mais absurda serve pra mostrar que, se você começar a pensar suas atitudes de acordo com o fim que elas terão, você abandona o certo pelo certo e fica só calculando os ganhos das suas ações, e aí, pronto, tá sem agir pelo imperativo categórico.[8]

No fim da vida, a cabeça de Kant começou a travar. Ele começou a ficar doente, provavelmente com demência. Não se lembrava das coisas que fazia, não tinha um bom raciocínio e, por isso, teve que ficar aos cuidados de parentes até o dia de sua morte, em 12 de fevereiro de 1804.

RESUMINDO KANT

⇨ Palavras-chave: ético, antiético, moralidade, imperativo categórico.

⇨ Segundo Kant, a moralidade é baseada no dever.

⇨ Imperativo categórico é uma ação necessária em si mesma.

⇨ Tratar os outros como meios para conseguir o que se quer é, para Kant, um comportamento antiético.

---

8. DUPRÉ (2015), p. 77.

7.2

HEGEL,
o fenômeno das ideias

O filósofo idealista alemão George Wilhelm Friederich Hegel (pronuncia-se "rêigueu") nasceu em 27 de agosto de 1770 na cidade de Stuttgart (não, isso não é um xingamento). Nosso mano Hegel passou a infância e a adolescência praticamente inteiras estudando em casa. O moleque era inteligente, hein, aprendeu mais línguas do que todas as matérias que nós aprendemos no ensino médio. Sabia latim, grego, francês e inglês, além de sua língua nativa, o alemão.

Em 1788, ele resolveu entrar para o seminário de Tübingen, pois queria ser pastor. Lá fez amizade com um poeta chamado Friedrich Hölderlin e com outro filósofo chamado Friedrich Wilhelm Schelling, e eles ficaram tão brothers que escreveram juntos a obra *O mais antigo programa de um sistema de idealismo alemão*.

Mas Hegel nasceu para dar aula. Primeiro ele foi tutor, uma espécie de professor particular, até 1801. Depois, deu aulas na Universidade de Jena, até 1806. Nesse ano, Napoleão Bonaparte invadiu Viena, onde Hegel morava. Ele fugiu para Nuremberg e passou a dar aulas num ginásio (o ensino fundamental da época). Ele lecionava ciências filosóficas preparatórias e foi diretor da escola até 1816. Lá em Nuremberg ele encontrou uma mina, Marie Helene von Tucher, e se casou com ela, e tiveram dois filhos. Mas não viveram felizes para sempre, porque estavam passando por um perrengue, e então, além de dar aula, Hegel trabalhou no jornal católico *Bamberg Zeitung*.

Depois saiu de Nuremberg para dar aula na Universidade de Heidelberg, mas ficou lá por apenas dois anos, já que em 1818 recebeu um convite para lecionar na Universidade de Berlim, o que ele sempre quis fazer da vida. E ficou lá em Berlim até sua morte, causada pela cólera.

Uma das ideias mais famosas e centrais de Hegel é o método dialético. É um processo, tipo um diálogo, e o objetivo dele seria chegar a uma *síntese* de ideias. Lembra o mano Platão? Então, é um diálogo 2.0, que revolucionou essa ideia de dialética.

Calma que você já vai entender.

A síntese é um bagulho que surge da contraposição de uma ideia (*tese*) e de uma ideia contrária (a "anti-tese", mais conhecida como *antítese*). Pega esse exemplo:

Tese: você quer ir pro baile.
Antítese: seu love não quer deixar.

Então vocês se colocam num método dialético pra resolver essa divergência:

Você: Mas eu quero ir pro baile.
Love: Não, você não vai pro baile, não vai.

É claro que, se ficarem nessa, não chegam a síntese nenhuma, só ficam numa DR sem fim. Agora, se vocês desenrolam o embate da melhor forma (ou seja, procurando uma solução boa pros dois), aí, sim, vocês têm uma síntese. Tipo, vocês decidem sair juntos pra tomar um açaí e ficar de boa.

De certa forma, o Hegel tá mostrando que as duas ideias podem bater de frente, e, quando são pensadas nesse conflito, elas criam uma coisa diferente. Não é uma parada de "que vença o melhor", mas um processo de diálogo que traz uma visão ainda mais da hora que as duas teses de antes, em que você pode perceber que, na real, você e seu love não queriam ir para nenhum lugar específico, mas ficar juntos de chamego.

Essa ideia de tese/antítese/síntese funciona não só em DRs – ela foi usada até na política. Dentro do cenário político europeu, por exemplo, você tinha a monarquia de um lado, e a democracia do outro. Quando as duas entram em embate, podem chegar à síntese, que é a monarquia parlamentar. É o que acontece na Inglaterra, onde existem a rainha e o Parlamento, representando o povo.

Hegel lançou essa ideia de tese/antítese/síntese no seu livro *Fenomenologia do espírito*, que não é uma brisa de atividade paranormal, mas uma especulação sobre a formação da consciência do ser humano. Nesse livro, Hegel já joga uma "antítese" aos pensamentos dos filósofos que vieram antes dele e que investigavam a origem do conhecimento (Descartes, Espinosa, Hume e Kant foram alguns desses caras). Diferentemente deles, Hegel acreditava que não tem isso de existir só uma origem pro conhecimento humano. E, por causa disso, a verdade é uma construção histórica: só teses e antíteses que poderiam virar umas sínteses da hora e que se seguiam de acordo com os confrontos de novas teses e antíteses. Loko, hein? No prefácio da *Fenomenologia*, ele comenta sobre as discórdias, dizendo que quem tá no meio da treta não consegue enxergar que pode haver verdade no que o outro diz. Uma opinião pode levar em conta a outra, e elas podem fazer parte de uma verdade maior, com mais alcance, formando assim um caminho para a verdadeira sabedoria. O conhecimento que as pessoas vão adquirindo na vida não é composto por "verdades universais", mas "pontos de vista universais". E confrontando e colocando em contato todos os pontos de vista talvez a gente possa chegar ao entendimento da coisa toda.

Para Hegel, existe um aspecto da consciência que é *suprassensível*, ou seja, além daquilo que a gente consegue perceber com nossos cinco sentidos. Esse mundo está totalmente relacionado à nossa percepção, que é a forma como vemos e entendemos as coisas. Assim, vai concluindo Hegel, em absolutamente tudo o que olhamos, o que a gente vê, no fim das contas, é a nossa própria consciência refletida. Por exemplo, ver uma flor e achá-la bonita ou não tem a ver com a nossa consciência, e não só com a flor. No fim, tem a ver com ambas, porque tanto a minha opinião quanto as qualidades da flor produzem o saber da flor como bonita ou não.

Pelo visto Hegel tinha uma vertente espiritualista, perceberam? Não é à toa que sua filosofia abrangeu, além da psicologia e das artes, a religião também. Suas ideias se tornaram parte do que podemos chamar de idealismo absoluto.

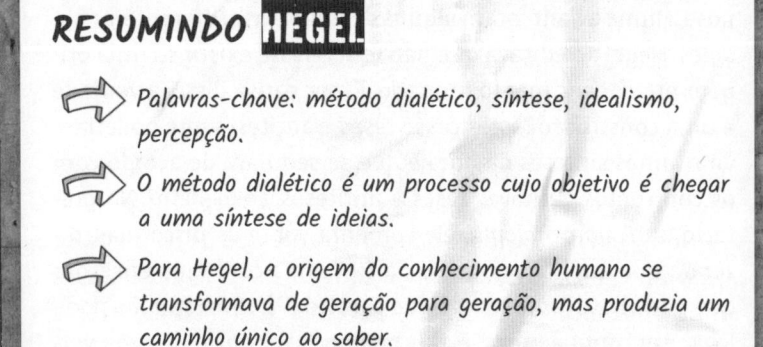

RESUMINDO HEGEL

⇨ Palavras-chave: *método dialético, síntese, idealismo, percepção.*

⇨ *O método dialético é um processo cujo objetivo é chegar a uma síntese de ideias.*

⇨ *Para Hegel, a origem do conhecimento humano se transformava de geração para geração, mas produzia um caminho único ao saber.*

⇨ *A verdadeira sabedoria é formada a partir de pontos de vista que vão se encontrando, produzindo choques e construindo sínteses.*

7.3
SCHOPENHAUER,
o primeiro emo

Parece que foi ontem que a gente chegava à escola e, de cara, via uma galera que se destacava no canto do pátio, usando roupas pretas e uma franja que tampava o olho, ouvindo rock e debatendo com pessimismo como é entrar na puberdade. Bons tempos! Mas parece que esses não foram os primeiros emos da história. Antes mesmo de existirem bandas de emocore e pessoas usando roupas xadrez com tênis pichado, existia um filósofo que é considerado o pai do pessimismo filosófico. Ele é antecessor de Nietzsche e de outros que foram radicalmente influenciados por sua visão melancólica da vida. Galerinha, com vocês, Arthur Schopenhauer!

Nosso querido Schopenhauer nasceu em 22 de fevereiro de 1788, em Danzig, atual Polônia. Seu pai era um comerciante muito melancólico e depressivo. Embora a família tivesse grana e pudesse se dar ao luxo de viajar pela Europa em plena Revolução Francesa, tocar os negócios do pai não era o sonho do pequeno Arthur. Mas era a vontade de seu velho. Paradoxalmente, Schopenhauer se viu livre para fazer o que bem entendesse com uma infelicidade: seu pai foi encontrado morto em um canal que passava atrás da casa da família. Alguns teorizam que foi suicídio, mas ninguém sabe o que de fato aconteceu naquele dia.

Depois desse ocorrido, aos 19 anos, Arthur Schopenhauer embicou para seus estudos na filosofia. Entrou num liceu que ficava na cidade de Gotha (não é Gotham City), mas acabou sendo expulso da escola porque era desvirtuado e fez uns textos zoando um professor. Então, aos 20, se mudou para a cidade em que vivia sua mãe – agora solteirona e apreciadora de bailes –, começando a estudar com professores particulares até finalmente entrar na Universidade de Berlim por influência de seu crush intelectual, Immanuel Kant.

Depois de concluir seu doutorado, Schopenhauer publicou, em 1819, sua obra-prima, *O mundo como vontade e como representação*. Um tempo depois, ele entrou na Universidade de Berlim e começou a ensinar como livre-docente. O problema foi que o cara escolheu dar aula no mesmo horário que tinha aula de ninguém mais, ninguém menos que Hegel. Ou seja, enquanto a sala de Hegel estava entupida de alunos, a de Schopenhauer não tinha mais que cinco ou seis almas errantes. Os acadêmicos achavam ultrapassado e inútil insistir em uma "continuação" ou "resposta" do legado de Kant, visto que estavam diante de um filósofo ainda maior e diferente. Assim, o curso que Schopenhauer ministrava fechou por falta de matrículas, e ele caiu em depressão. Estava frustrado com a vida. Seu livro não vendeu nada, suas ideias eram ditas ultrapassadas e tudo a que sempre se dedicou estava dando errado.

A vida do cara daria uma boa discussão com emos sobre quão injusto é tudo. Certamente a frase "A sociedade não me entende" era uma que Schopenhauer diria em seus dias de melancolia, e só faltaram de fato as roupas pretas com um rock de fundo para a trilha sonora. Mas as ideias dele vão muito além de um niilismo vazio. Seu conceito de vontade e representação é uma coisa genial.

Ele começa na cola da metafísica de Kant, pra quem a realidade está dividida em numênica e fenomênica. A primeira é, de novo, o mundo inacessível para nós. A segunda, por outro lado, é acessível através da ação de nossa razão. Assim, gera-se em nossa mente uma *representação* da realidade, para que a gente processe a informação e tente compreender as coisas.

Por exemplo, não temos como saber o que é uma nuvem em si (mundo numênico). Sabemos, em nossa mente, o que é uma nuvem por representação: as informações que coletamos através da visão (cor, volume, aspecto), do tato (quente, frio) etc., e como essas informações foram organizadas e coladas umas nas outras pela razão. É como se precisássemos de óculos especiais para enxergar o mundo. Sem os óculos não sabemos o que as coisas são. Ao colocar os óculos, conseguimos entender o que estamos vendo. Isso é o mundo fenomênico.

Schopenhauer concordava com isso. Tanto que essa é a primeira frase do seu livro *O mundo como vontade e como representação*:

> "O mundo é minha representação." Esta é uma verdade que vale em relação a cada ser que vive e conhece, embora apenas o homem possa trazê-la à consciência refletida e abstrata. E de fato o faz.[9]

Ele acreditava que só tínhamos acesso às representações em nossa consciência. Mas queria ir mais fundo: o que nos move para a representação? O que nos leva a representar algo? O que seria essa força que está servindo como base para tudo?

A resposta que ele encontrou foi: essa força é a *vontade*!

A vontade é um conceito que, nos tempos modernos, poderia até mesmo ser associado ao inconsciente (tanto que Schopenhauer é um dos pioneiros a trabalhar com a tese de um inconsciente). Mas o que é a vontade? Ela é o querer, é o impulso cego que move todas as criaturas da Terra. É uma coisa selvagem que te controla e te empurra para algo, que te faz desejar. A vontade é incontrolável – você até pode não a realizar, mas não pode deixar de senti-la. A vontade é o fundamento da vida, o querer viver, o querer conquistar, o querer possuir, o

---

9. SCHOPENHAUER, Arthur. *O mundo como vontade e como representação*. Parte 1. Tradução de Jair Barboza. São Paulo: UNESP, 2005, p. 43

querer conhecer, o querer afirmar-se. A vontade não tem consciência nem ética, ela é pura e poderosa.

Schopenhauer diria, nos termos de hoje, que nosso lance com a vontade é como se fosse um moleque cego e maromba carregando um veinho aleijado. A vontade é o moleque, e nós somos o veinho. A vontade quer se sentir forte e ir ao limite de tudo. Nós, por outro lado, não dependemos da vontade, mas só podemos nos movimentar e enxergar a representação por causa dela.

E o que tudo isso acaba se tornando no final das contas? Uma grande piada ruim e de mau gosto. Porque, para Schopenhauer, a vida é tristeza e tédio eternos, causados por uma vontade e representação da realidade.

> A vida do homem oscila, como uma pêndula, entre a dor e o tédio, tais são na realidade os seus dois últimos elementos. Os homens tiveram que exprimir esta ideia de um modo singular; depois de haverem feito do inferno o lugar de todos os tormentos e de todos os sofrimentos, que ficou para o céu? Justamente o aborrecimento.[10]

Ele está imaginando a vida como um relógio de pêndulo, que oscila entre o tédio e a tristeza. A felicidade é aquele breve momentinho, que você mal consegue ver, em que o pêndulo está no meio do caminho. Schopenhauer chega a essa conclusão porque a vida é vontade, a vontade é querer, e isso te leva a desejar. Você fica triste enquanto não realizar aquele desejo, e isso te incomoda e te move até realizá-lo. Durante a realização, você se sente momentaneamente feliz, certo? Mas, não muito depois de ter realizado o que queria, você acaba caindo no tédio, já não deseja mais.

---

10. SCHOPENHAUER, Arthur. *Dores do mundo*. Coleção Universidades. Ed. eletrônica. Rio de Janeiro: Ediouro, 1985. Disponível em: abdet.com.br/site/wp-content/uploads/2015/01/Dores-do-Mundo.pdf. Acesso em: 28 jul. 2021.

Diferente do rival Hegel, que era famosinho na época da universidade, Schopenhauer só começou a receber o devido crédito lá na terceira idade, aos 65 anos. Ele percebeu que as pessoas estavam interessadas em seus pensamentos e obras. Acadêmicos passaram a se aproximar e admirar seus ensinamentos, e finalmente a fama e o reconhecimento que buscava bateram em sua porta.

Schopenhauer morreu sete anos mais tarde, em 1860. Conta-se que foi em uma manhã, na qual ele acordou um pouco mais tarde que de costume. Quando o médico chegou para fazer uma visita rotineira ao filósofo, o encontrou sentado no sofá com um olhar sereno e tranquilo, mas sem vida.

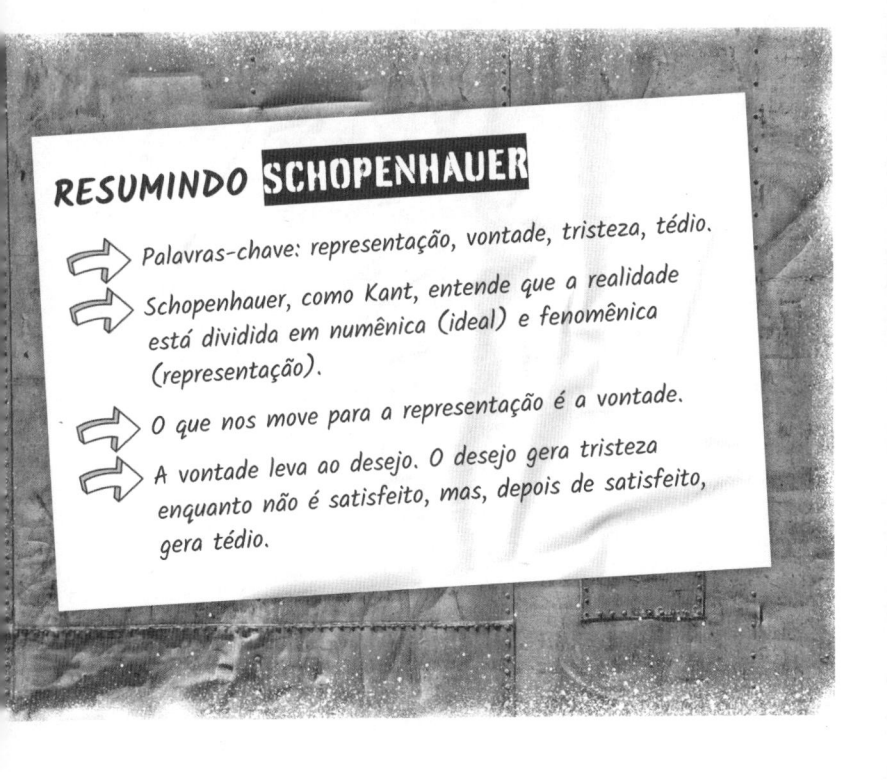

RESUMINDO SCHOPENHAUER

➡ Palavras-chave: representação, vontade, tristeza, tédio.

➡ Schopenhauer, como Kant, entende que a realidade está dividida em numênica (ideal) e fenomênica (representação).

➡ O que nos move para a representação é a vontade.

➡ A vontade leva ao desejo. O desejo gera tristeza enquanto não é satisfeito, mas, depois de satisfeito, gera tédio.

7.4

NIETZSCHE,
o roba-brisa

Aqui vai um aviso: uma vez que leu Nietzsche, já era, não tem como voltar atrás. Mas fica suave: quando você entender o que ele quer dizer, você alcançou a brisa, muito além do homem.

Friedrich Wilhelm Nietzsche nasceu no dia 15 de outubro de 1844, na cidadezinha de Rocken (and Roll. Não, só Rocken mesmo), na Prússia. Aos 5 anos, seu pai bateu as botas e o pequeno acabou sendo criado pela avó, pela mãe e pela irmã mais velha. Aos 10, começou a estudar umas paradas bem avançadas para sua idade, por exemplo, aprofundando-se na Bíblia. Aos 14, o bichão ganhou uma bolsa de estudos para cursar o seminário. Ele se dedicou muito ao estudo bíblico e à literatura clássica. Porém, aos poucos, foi se afastando da fé e colocando em dúvida as coisas ensinadas pela Igreja.

Ele se formou em 1864 e continuou seus estudos em Filologia (é o estudo das palavras, línguas, de suas origens e regras) clássica na Universidade de Bonn e, aos 24 anos, se tornou um fodástico professor de filologia na Universidade da Basileia. Ora, ora, se não temos um jovem gênio entre nós.

Mas a vida de Nietzsche não se resume apenas a sua carreira acadêmica. Em 1867, ele foi convocado pelo Exército prussiano. Um dia, literalmente caiu do cavalo e quase morreu por isso. Em 1870, novamente foi convocado para a guerra franco-prussiana. Ele atuou como enfermeiro, por causa de sua saúde debilitada. Nesse período, contraiu difteria, que o deixou com infecções de garganta e nariz. Após se recuperar, ele meteu marcha e voltou pra Basileia, para continuar sua carreira como professor.

Nietzsche foi seguindo a vida até onde deu. Sua saúde ficou tão debilitada que ele tinha insuportáveis dores de cabeça, problemas nas cordas vocais, além de uma quase cegueira. Esse foi um dos motivos que o fizeram deixar a universidade em 1879 e voltar a morar com a irmã.

Após sua aposentadoria devido aos problemas de saúde, Nietzsche lançou suas obras para o mundo: *Além do bem e do mal*; *Assim falou Zaratustra*; *Humano, demasiado humano*, entre outras. Contudo, a ação do tempo foi cruel com esse filósofo bigodudo: em 3 de janeiro de 1889, ele sofreu um colapso mental (uma pane no sistema) após ver um cavalo ser duramente açoitado. Nietzsche correu e abraçou o cavalo, tentando protegê-lo. Após esse episódio, ele caiu em demência.

Seus próximos meses foram de atrofiamento mental. Alguns suspeitam que esse declínio foi causado pelo uso excessivo de haxixe e ópio sem orientação médica, e também por Nietzsche ter contraído sífilis. Ele ficou aos cuidados de sua família até morrer em 25 de agosto de 1900, sem recuperar um pingo de sanidade mental. Sua vida foi literalmente o nascimento da tragédia, um gênero, aliás, que ele amava. Dizia que a tragédia grega clássica era a maior expressão artística em comparação à realidade da vida.

Tudo o que Nietzsche produziu durante a vida estava, de certa forma, interligado. E no centro da brisa está a liberdade humana. Nietzsche admirava pessoas de espírito livre, aquelas que se afirmavam, ou seja, que eram autênticas e criavam suas próprias normas de como viver num mundo catastrófico. Nada fundamenta a vida e, justamente por isso, quem banca você deve ser você mesmo. É você quem manda na sua própria vida; não há ninguém acima para te dizer o que você deve ou não deve fazer! O forte, livre e belo é quem é cheio de si mesmo, quem se aceita como é e vive o que tem para viver!

Para Nietzsche, moral e ética não passam de ferramentas para controlar a massa, ou seja, são chicotes pra tocar a boiada! Ele desprezou tudo que rebaixava a potência do ser humano. O cristianismo, em suas palavras, nada mais é que um platonismo para as massas: uma ferramenta de negação à vida, fazendo a pessoa negar toda a sua existência na terra com uma (falsa) promessa de pós-vida, tida como perfeita. Você renuncia ao seu hoje em troca de uma promessa para amanhã. Porém, o ser humano livre de Nietzsche é aquele que não busca uma promessa para o amanhã, e sim aceita e tenta viver sempre o hoje. Ele não se submete a ninguém a não ser a si mesmo. É um espírito livre de qualquer culpa e receio que o mundo possa tentar lhe impor.

Mas também não terceiriza os perrengues. A pessoa livre é capaz de aceitar qualquer destino, mesmo que seja cruel e doloroso. Como? Pelo *amor fati*.

Amor fati significa "não querer nada de diferente do que é, nem no futuro, nem no passado, nem por toda a eternidade. Não só suportar o que é necessário, mas amá-lo".[11] Veja bem, para sobreviver à falta de sentido do mundo (porque nem Deus nem a grande Razão garantem nada), devemos abraçar a vida como nossa e amá-la, mesmo com todas as tragédias, todos os erros, tudo que podemos julgar que foi "ruim". O problema é que as pessoas, no geral, têm uma visão platônica da vida. Como assim? Elas só veem o bem e o mal, e não entendem a vida como o complexo dinâmico que ela é. A vida vai além de ser boa ou ruim; ela é, na verdade, muito grande, e nós, seres humanos, por sermos limitados, acabamos tendo a necessidade de diminuir o grande e complexo "evento vida" para tentar compreendê-lo.

Amar a vida significa viver o que você quer e passar pelo que não quer, aceitando isso mesmo assim. É na *transmutação de valores* que é possível atingir o amor fati e aceitar a vida. A transmutação de valores é a:

---

11. ABBAGNANO, Nicola. *Dicionário de filosofia*. Tradução de Alfredo Bosi e Ivone Castilho Benedetti. São Paulo: Martins Fontes, 2007, s.v. "amor fati".

inversão de todos os valores, eis minha fórmula para um ato de supremo reconhecimento de si mesma por parte da humanidade, ato que em mim tornou-se carne e gênio. Meu destino exige que eu seja o primeiro homem honesto, que me sinta em oposição às mentiras de vários milênios.[12]

Em outras palavras, isso significa você substituir os valores tradicionais que norteiam a vida de geral pelos valores que você mesmo criou quando abraçou a vida, com tudo que ela tem pra dar (ou tirar). Quando você governa a si mesmo, vai além de si, *além do homem*. Tornar-se você, quem você realmente é, sem esperar aceitação de ninguém além de si mesmo, seria a única coisa que importa, a única liberdade possível.

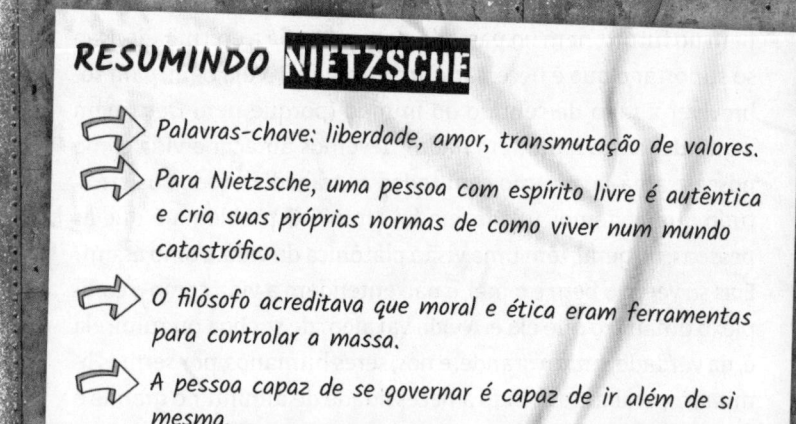

RESUMINDO NIETZSCHE

➪ Palavras-chave: *liberdade, amor, transmutação de valores.*

➪ Para Nietzsche, uma pessoa com espírito livre é autêntica e cria suas próprias normas de como viver num mundo catastrófico.

➪ O filósofo acreditava que moral e ética eram ferramentas para controlar a massa.

➪ A pessoa capaz de se governar é capaz de ir além de si mesma.

---

12. NIETZSCHE, Friedrich. *Ecce Homo*, §4, apud ABBAGNANO (2007), s.v. "transmutação de valores".

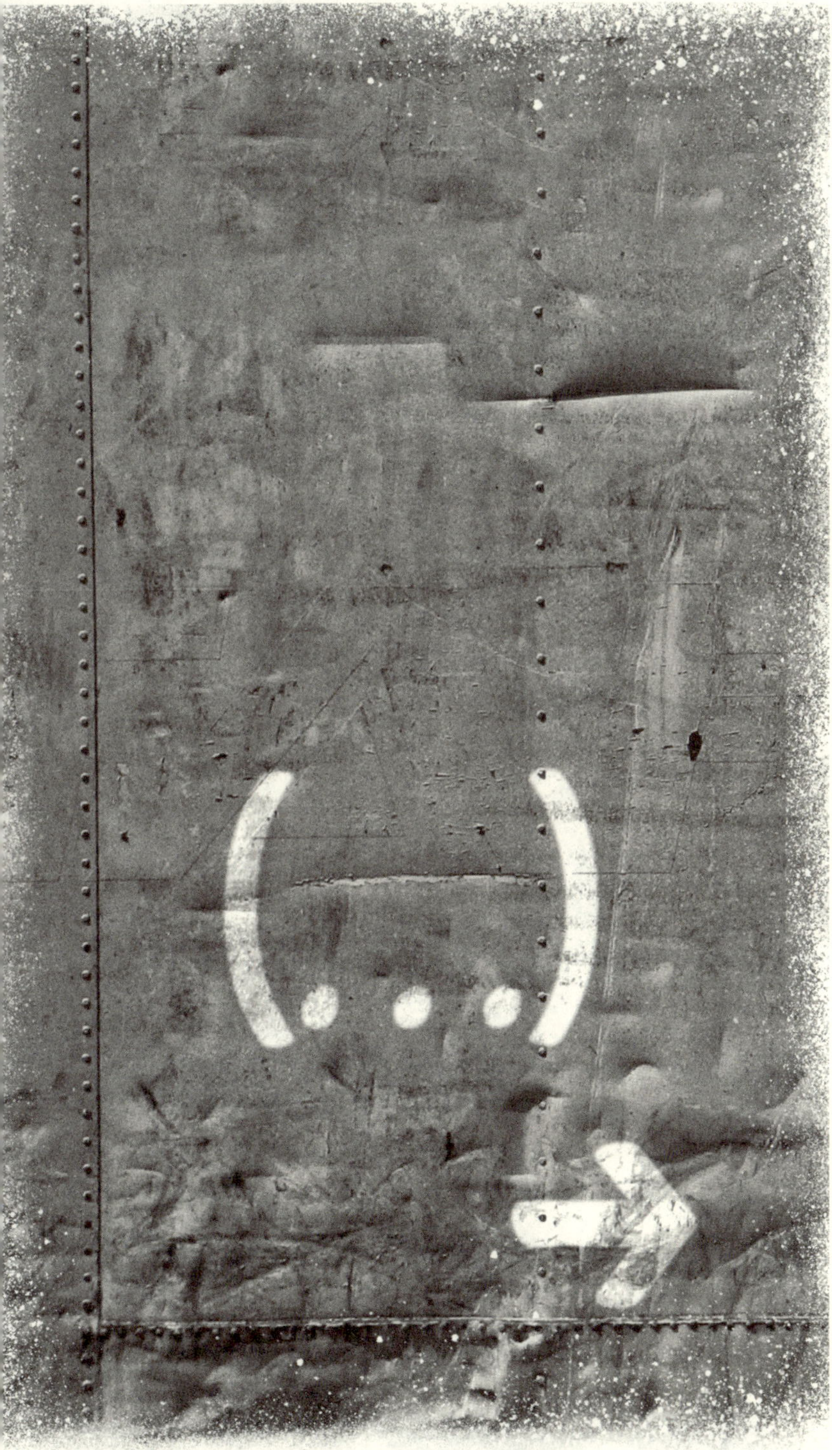

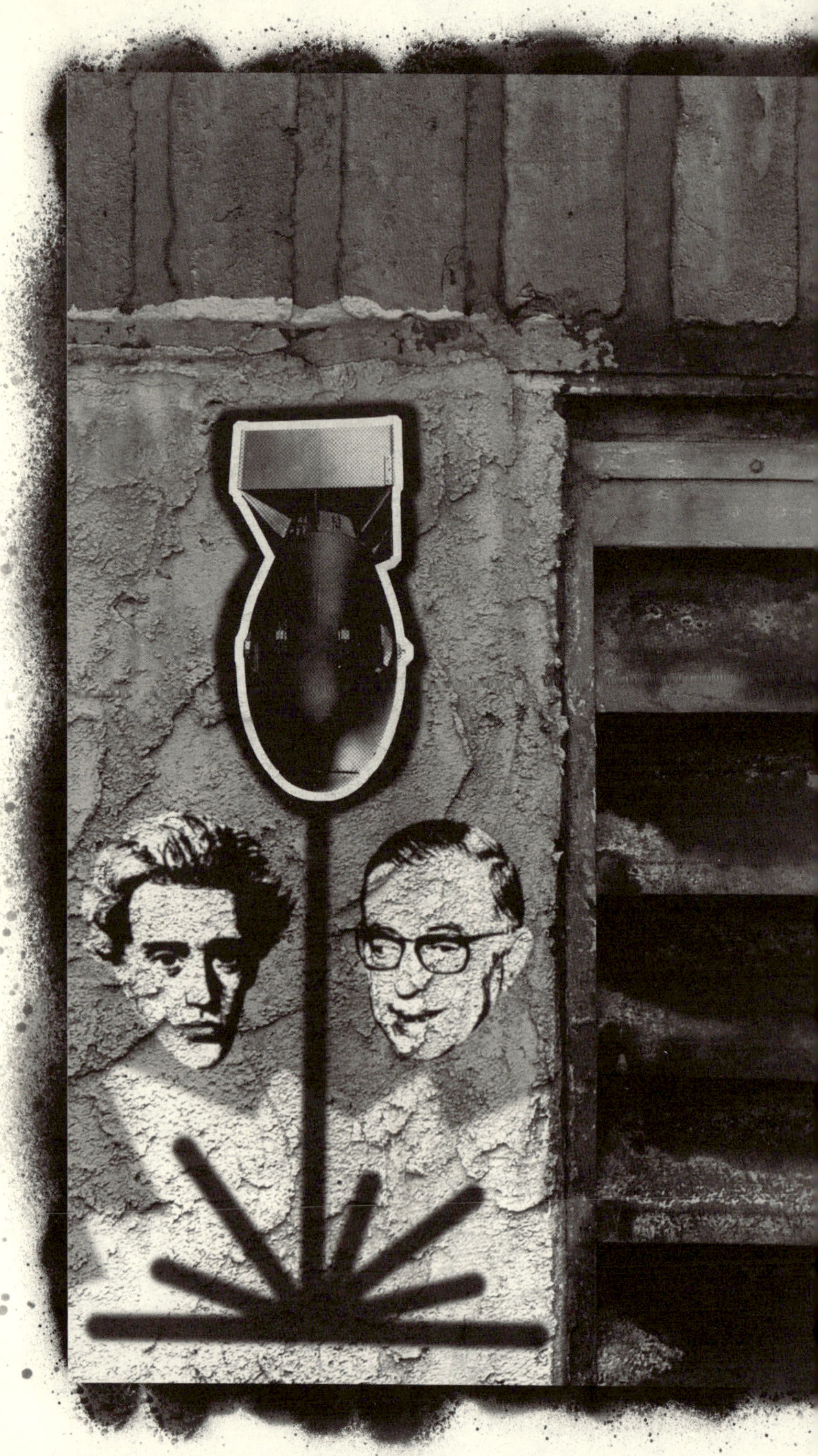

PARTE 8

O EXISTENCIALISMO PÓS-GUERRA

A segunda fase da Revolução Industrial estava rolando na segunda metade do século 19. O cenário é de gente perdendo emprego pras máquinas, perdendo a infância pras máquinas, perdendo partes do corpo nas máquinas e o ó. A pergunta que começou a assediar a cabeça dos filósofos foi: estamos vivendo ou apenas existindo?

Viver, pros filósofos, é mais que estar vivo. É refletir sobre o que *significa* estar vivo. Porque planta e animal também existem, mas não filosofam sobre o sentido disso.[1]

Daí surgiu a filosofia da existência, ou *existencialismo*, e podemos dizer que ela se divide basicamente em dois grupos: o dos religiosos que pensam sobre a existência humana (como Kierkegaard) e o dos ateus que pensam sobre a existência humana (como Sartre). Partindo de um lado ou do outro, o bonde do existencialismo encontrou as mesmas questões: ser vivo é ser livre, ser livre é escolher, escolher é ficar preso às consequências das suas escolhas.

---

1. GAARDER, Jostein. *O mundo de Sofia*: romance da história da filosofia. Tradução de João Azenha Jr. São Paulo: Companhia das Letras, 1995, p. 486.

8.1
KIERKEGAARD,
o angustiado

Søren Aabye Kierkegaard nasceu em 5 de maio de 1813 em Copenhagen, Dinamarca. Seu pai era comerciante de lã, um religioso muito severo, e sua mãe era empregada doméstica. Os dois tiveram sete filhos, e mano Kierke era o caçula do bonde. Quando ele nasceu, seu pai tinha 56 anos, e a mãe, 45. Kierkegaard costumava dizer que era um filho novo de um casal velho. Seu pai era um grande fã de filosofia e até recebia em casa alguns filósofos que passavam pela cidade em viagens. Assim, o jovem Kierke acabou tendo um contato bem precoce com diversos pensadores diferentes.

Kierkegaard embicou para os estudos teológicos, com diversos flertes com a filosofia. Após a morte de seu pai, em 1838, ele herdou uma boa grana, que usou pra bancar seus estudos acadêmicos, concluindo um belo de um doutorado com a tese "O conceito da ironia em Sócrates".

A grande contribuição desse mano foi se distanciar ao extremo do hype de sua época, o hegelianismo. Pra ele, Hegel tava moscando quando dizia que a existência de cada pessoa estava ligada a uma razão universal, a um espírito da época. Hegel acreditava que as pessoas eram filhas do momento que viviam. Tipo, tava todo mundo dissolvido numa sopa cósmica. Kierkegaard, por outro lado, pensava que cada existência era singular. Cada pessoa é original, e só aparecia uma única vez na história.²

Boa parte do que Kierkegaard pensa está relacionado com o cristianismo. Ele mesmo se define como um pensador religioso. Mas, para ele, a religião não tá aí para explicar o que a filosofia não consegue. Pra ele, os princípios religiosos são coisas para se viver, não para se brisar.³ Por isso, Kierkegaard acabou virando um supercrítico da sociedade cristã: para ele, ser cristão exigia um comprometimento radical. Não dava para ser meio cristão, ou só de domingo.⁴ Aliás, ser cristão não era uma coisa finalizada: pra Kierkegaard, no máximo, o que dá pra fazer é se esforçar pra se tornar cristão.⁵

Dá pra perceber que Deus, pra ele, era um cara muito rígido. Diante disso, o ser humano tem, basicamente, duas opções: ou acredita em Deus, mas sabe que Deus não se importa muito com ele, porque, você sabe, Deus não precisa de nada nem de ninguém, então o ser humano tem que correr atrás; ou a pessoa pode seguir a premissa niilista e acreditar que é filha do nada, do acaso, da contingência. Ele poderia ou não existir, e sua existência não faria diferença nenhuma nesse mundo. Nesse caso, poderia fazer o que quisesse da vida porque nada teria sentido.

Essas duas opções, em primeiro lugar, dão um sentido de liberdade. Se Deus não precisa de mim, então não tenho obrigação nenhuma com ele, eu que escolho se vou atrás dele ou não. Por outro lado, no niilismo, o nada proporciona a liberdade de fazer ou não fazer, tanto faz.

Mas é justamente a liberdade, que parece tão boa, a causadora da angústia no ser humano:

---

2. GAARDER (1995), p. 402; SILVA, Franklin Leopoldo e. Kierkegaard: o indivíduo diante do absoluto. *Revista Cult* online, 14 mar. de 2010. Disponível em: revistacult.uol.com.br/home/kierkegaard-o-individuo-diante-do-absoluto/. Acesso em: 29 jul. 2021.
3. SILVA (2010).
4. GAARDER (1995), p. 403.
5. SILVA (2010).

A angústia é a vertigem da liberdade. Vertigem que surge quando o espírito, ao querer colocar a síntese, a liberdade fixa os olhos no abismo de sua própria possibilidade e lança mão da finitude para sustentar-se. Nesta vertigem, a liberdade cai desmaiada.[6]

Para Kierkegaard, diante da consciência da liberdade, o ser humano fica desesperado, porque sabe que ninguém fará as escolhas por ele, nem vai dizer: "Isso é o certo, vai por esse caminho que você vai se dar bem". A tarefa de descobrir o que é melhor pra si mesmo é de cada um. Afinal, cada existência é única. Essa liberdade toda gera angústia, porque traz desamparo, solidão, ansiedade. Você olha para o futuro e qualquer coisa pode acontecer. Refletir sobre a angústia é olhar pra si mesmo e suas possibilidades de escolha.

Diante dessa angústia de ser livre e estar vivo, Kierkegaard entende três estágios, tipo três fases, da vida:[7]

1. Estágio *estético*. Nessa fase, a pessoa tem como critério a busca pelo prazer. Ela tenta fazer a vida valer a pena não pelo que vive, mas pelo que sente. Os prazeres de uma festinha, de usar droga e até mesmo de fazer sexo são sensações que se buscam para "maquiar" ou "enganar" a angústia. Mas, na verdade, o prazer é idealizado, ou seja, a pessoa acha que vai se sentir assim ou assado. Porém o que ela deseja sentir não é possível de se alcançar no mundo. A pessoa vai vendo que o ideal de prazer que buscava está cada vez mais longe.[8] Então ela passa pra próxima fase.
2. Estágio *ético*. Nessa fase, o moleque cresceu, se cansou da vida de farra, de rolê e bailão. Em vez de seguir com

---

6. KIERKEGAARD apud REICHMANN, Ernani. *Soeren Kierkegaard*: textos selecionados. Curitiba: [s.e.], 1971, p. 272.
7. GAARDER (1995), pp. 407-408.
8. SILVA (2010).

aquela vidinha de prazer instantâneo, ele busca uma *forma* de vida que lhe dê sentido. Ele, então, tenta sossegar, ter um emprego da hora, uma família responsa e amigos para desfrutar da boa vida e pra encostar num churrasco de domingo. Mas ele percebe que essa vida padrão não é suficiente. Tem hora que ainda pinta uma angústia. Então ele passa ao terceiro estágio.[9]

3. Estágio *religioso*. Em vez de seguir num padrão de vida cheio de regrinhas que lhe dizem como ser feliz, o maluco agora quer buscar o próprio Bem, Deus, que não é um deus coletivo, mas um Deus sentido na consciência de cada um.[10] A pessoa dá o "salto da fé", a verdadeira entrega para Deus. Nesse estágio, ela também alcança o esclarecimento daquilo em que se recusou a acreditar em todos os outros: a angústia nunca vai passar. O salto da fé significa assumir uma vida da qual a angústia fará parte, mas também em que a fé genuína, além da racionalidade, vai te guiar e fundamentar.

O grande lance de Kierkegaard foi pensar a filosofia a partir da *existência* humana, e não de um ponto de vista teórico ou acadêmico. Ele entendia que o homem é uma realidade finita, que existe e age por sua própria conta e risco.[11] Por seu pensamento, Kierkegaard é tido como o pai do existencialismo.

Ele morreu em 11 de novembro de 1855, depois de sofrer uma queda na rua. Foi hospitalizado e veio a falecer quarenta dias depois.

---

9. SILVA (2010).
10. SILVA (2010).
11. ABBAGNANO, Nicola. *Dicionário de filosofia*. Tradução de Alfredo Bosi e Ivone Castilho Benedetti. São Paulo: Martins Fontes, 2007, s.v. "existencialismo".

RESUMINDO KIERKEGAARD

⇨ Palavras-chave: existencialismo, indivíduo, angústia, fé.

⇨ Kierkegaard era contrário à tese de Hegel, de que a existência de cada indivíduo estava ligada a uma razão universal.

⇨ Ele entendia que cada pessoa era singular e, por isso, sua experiência de liberdade também.

⇨ Para ele, a liberdade era a causadora da angústia no ser humano.

8.2

SARTRE,
o pirado na liberdade

Jean-Paul Sartre nasceu em Paris no dia 21 de julho de 1905. Seu pai era oficial da Marinha e faleceu tragicamente meses após o nascimento do filho devido a uma doença crônica. Sua mãe voltou para a casa dos pais, então Sartre acabou sendo criado também pelos avós.

Desde muito cedo, Sartre já escrevia, fazendo paródias dos romances que lia. Era apoiado pelos parentes e professores, que viam nele um grande talento para ser um escritor profissional.

Foi na escola preparatória para o ensino superior que Sartre teve seus primeiros contatos com a filosofia. Quatro anos depois, em 1924, ele entrou para a École Normale Supérieure, uma universidade em Paris.

Sartre se tornou professor de filosofia por volta de 1931, mas decidiu abandonar de vez a sala de aula em 1944. Ele teve diversas pausas nesse período, que incluiu tanto uma bolsa de estudos em Berlim como uma captura durante a Segunda Guerra Mundial – ele servia no Exército francês como soldado meteorologista, e acabou sendo levado como prisioneiro a um campo de concentração, ficando lá entre 1940 e 1941.

Em 1943, ele lançou sua obra-prima *O ser e o nada*. O livro gigante, que é um ensaio filosófico acerca da existência e da liberdade, se tornou um dos livros-coração do movimento existencialista.

Durante seus estudos acadêmicos, Sartre se aprofundou em Nietzsche, Kant, Descartes e Espinosa, daí começou a ter suas primeiras brisas sobre a liberdade, um tema central em sua filosofia.

Para Sartre, a liberdade é uma questão paradoxal, pois ela também é uma prisão. Como assim? Visto que estamos todos presos dentro de nossas escolhas e somos obrigados pela liberdade a escolher – e até a decisão de não escolher já é uma escolha –, então estamos presos pela nossa liberdade.

Ou seja, paradoxalmente, ser livre não é uma escolha! Somos livres *porque* somos humanos.

Sartre conceitua isso com a frase "A existência precede a essência". Pra ele, a gente nasce com nada na nossa frente. Nenhuma obrigação, nenhum caminho traçado. A essência do ser humano, quem ele vai se tornar na vida, isso vem depois. Isso vai ser construído. As *atitudes* do ser humano é que vão levá-lo em direção a suas escolhas e ao projeto do que ele quer ser, digamos assim.

Sendo livre, cada pessoa não passa de um conjunto de possibilidades. É por isso que estamos aprisionados pela liberdade: não podemos fugir dela, e essa liberdade é obrigatória a todos.

Muito paradoxo junto, né? Veja só: pense que a liberdade é seu coração. Ele não é um acessório, ele faz parte de você, certo? É diferente de uma tattoo, que você pode fazer ou não.

E já que ser livre é tipo um carma, uma condenação, também tem uma pena:

> A consequência essencial das observações anteriores é de que o homem está condenado a ser livre, carrega nos ombros o peso do mundo inteiro: é responsável pelo mundo e por si mesmo enquanto maneira de ser.[12]

---

12. SARTRE, Jean Paul. *O ser e o nada*: ensaio de ontologia fenomenológica. Tradução de Paulo Perdigão. 6 ed. Rio de Janeiro: Vozes, 1998, p. 678.

É impossível fugir das consequências de uma atitude. Se a consequência vai ser boa ou ruim, aí depende de você, do que você escolheu. Não tem como escapar, vilão: até mesmo se você deixar de fazer algo, haverá consequência. Pois é! Nossas atitudes (ou não atitudes) são exclusivamente nossas; temos a obrigação de escolhê-las e arcar com o que vier depois. Responsa anda junto com liberdade. Quem quer se construir de verdade como ser humano, de forma saudável e produtiva, tem que ser responsável.

E aquele mano que tenta aliviar o peso da responsabilidade, jogando a culpa de qualquer coisa nas costas de outra pessoa ou de algum evento? Para Sartre, esse cara age com *má-fé*. Ainda que a situação não tenha sido toda culpa sua – tipo, um "amigo" espalha pra meio mundo um segredo seu –, você escolheu contar o segredo pra ele. Além do mais, a sua reação a esse burburinho todo com seu segredo também é responsa sua.

Isso mostra que as escolhas pessoais refletem obviamente no coletivo. A sociedade sofre cada impacto das atitudes que tomamos (e a gente sofre com as consequências das escolhas de outras pessoas). Cada um, ao construir sua própria realidade, também constrói com as outras pessoas, pelas consequências de suas ações, o mundo em que vive.

Sartre foi um filósofo que viveu, ao que parece, bem de acordo com suas ideias. A vida toda ele foi um militante muito ativo. Saiu do majestoso trono acadêmico do palácio universitário e foi pras ruas com o povão, reivindicando seus direitos e até sua liberdade – ele, por exemplo, apoiava a independência da Argélia, que vivia sob o colonialismo francês. Dessa forma, ele não só influenciou a filosofia com seus pensamentos, mas tornou-os reais.

Sartre faleceu no dia 15 de abril de 1980, e seu funeral foi acompanhado por mais de 50 mil pessoas.

RESUMINDO SARTRE

⇨ Palavras-chave: essência, liberdade, responsabilidade, má-fé.

⇨ Ninguém nasce predestinado a nada, só à liberdade.

⇨ A liberdade é uma prisão: o ser humano está condenado a ser livre.

⇨ Somos responsáveis por todas as escolhas que fazemos a partir de nossa liberdade. Quem não se responsabiliza age com má-fé.

CONCLUSÃO

ONDE VOU USAR ISSO NA MINHA VIDA?

E aí, vilão, esperamos que você tenha curtido o rolê pelas mentes brilhantes da filosofia!

Mas o que a gente mais espera, na boa, é que você use esse conteúdo aqui pra sua vida, e não só pra fazer uma prova ou entrar na facul.

Filosofia não é decoreba. É uma maneira de você olhar o mundo pra fazer escolhas mais conscientes, em vez de seguir o corre de todo mundo. Você não sabe, mas já faz filosofia com as suas decisões, com o jeito como resolve seus problemas. O lance agora é você fazer isso com consciência.

Então, parça, não se preocupe em decorar nome, data, as palavras difíceis dos manos filósofos. Pega o espírito deles: questione pra lidar melhor com as suas escolhas. Se você aprendeu alguma coisa, se teve uma visão da hora com esse livro, compartilhe! Vamos fazer o conhecimento circular.

E o principal: trate de ter a sua própria filosofia. Faça suas próprias perguntas e procure suas próprias respostas. Quem sabe aí, no nosso próximo livro, não vai ter um capítulo sobre você?

**Acreditamos
nos livros**

Este livro foi composto em TheMix e impresso
pela Geográfica para a Editora Planeta do Brasil
em fevereiro de 2022.